AGIR ET PENSER COMME

WONDER WOMAN

Directeur éditorial : Stéphane Chabenat
Éditrice : Pauline Labbé
Conception graphique et mise en pages : Florence Cailly
Conception couverture : olo.éditions

Les Éditions de l'**Opportun**
16, rue Dupetit-Thouars
75003 Paris

www.editionsopportun.com

MARIE DAMPOIGNE

AGIR ET PENSER COMME
WONDER WOMAN

Wonder Woman! Wonder Woman!
All the world's waiting for you,
and the power you possess.
In your satin tights,
Fighting for your rights
And the old Red, White and Blue.
Wonder Woman! Wonder Woman!
Now the world is ready for you,
and the wonders you can do.
Make a hawk a dove,
Stop a war with love,
Make a liar tell the truth.
Wonder Woman!
Get us out from under, Wonder Woman.
All our hopes are pinned upon you.
And the magic that you do.
Stop a bullet cold,
make the Axis fold,
change their minds,
and change the world.
Wonder Woman! Wonder Woman!
You're a wonder, Wonder Woman[1].

1. Générique de la série *Wonder Woman* sur ABC (1975-1979), par Norman Gimbel et Charles Fox.

SOMMAIRE

AVANT-PROPOS

« RIGHTING THE WRONGS, DEFENDING AMERICA FROM THE ENEMIES OF DEMOCRACY AND FIGHTING FOR DOWNTRODDEN WOMEN AND CHILDREN, IN A MAN-MADE WORLD, WONDER WOMAN WINS THE HEARTS AND LEADS THE YOUTH OF AMERICA TO VICTORY OVER EVIL! » – WILLIAM MOULTON MARSTON[2]

2. « Réparant les torts, défendant l'Amérique contre les ennemis de la démocratie et luttant pour les femmes et les enfants opprimés, dans un monde créé par l'homme, Wonder Woman gagne les cœurs et conduit les jeunes d'Amérique vers la victoire sur le mal ! » *Sensation Comics #9, The return of Diana Prince*, septembre 1942.

Est-ce un oiseau ? Est-ce un avion ? Non, c'est Wonder Woman ! Me revoilà avec un nouveau sujet sous le bras. Après avoir arpenté les rayons d'un sex-shop de Pigalle, m'être fait une entorse du pouce à force de swiper sur différentes applications de rencontre, je m'attaque à ce personnage central de notre pop culture.

Wonder Woman était pour moi une vieille connaissance et me renvoyait inlassablement à ces fins d'après-midi où, harassée par l'école, je m'affalais sur mon canapé pour y dévorer mes tartines pleines d'huile de palme devant *La Ligue des Justiciers*. Tout me fascinait, à commencer par le générique où l'on apercevait les ombres des silhouettes athlétiques des protagonistes se tendre pour lutter contre un ennemi commun sur un rif de guitare endiablé. Je suis facilement impressionnable, c'est vrai.

Ce livre a été l'occasion de reprendre contact avec ce personnage iconique, en recommençant du début : des premiers comics aux versions les plus récentes toujours publiées sur papier glacé. Sans oublier ses différentes adaptations sur le petit et grand écran.

J'ai pu y découvrir les fondations du personnage, engendrée par un improbable créateur en 1941, William Moulton Marston, un psychologue polyamoureux marié à Elisabeth Holloway, brillante avocate et psychologue qui lui souffla l'idée d'un personnage de comics féminin, en concubinage avec Olive Byrne, étudiante en psychologie et nièce de Margaret Sanger[3]. C'est dans ce bouillon de

3. Militante anarchiste pour le droit au contrôle des naissances, elle va fonder le premier centre de planification familiale en 1923 à New York.

culture libertaire et féministe que mijote le personnage de Wonder Woman. J'ai vu l'héroïne évoluer ou régresser au fil des auteurs et des mouvements de censure, certains la jugeant inappropriée, tandis que d'autres encourageaient son affranchissement des injonctions faites à son genre, à son corps, à ses engagements.

En la fréquentant au quotidien, nous sommes devenues amies car nous partageons parfois les mêmes ambitions, les mêmes frustrations et les mêmes indignations. Elle est devenue cette personne de qui j'attends beaucoup mais dont certains propos ou attitudes m'ont parfois fait l'effet d'une trahison. À certains moments, Wonder Woman a été cette amie qui peut dire : « Je suis féministe mais... » ou « Je ne suis pas raciste mais... ». Évidemment, elle n'est pas que ça, selon les auteurs, elle est aussi une femme courageuse, engagée, à l'empathie abyssale, qui se bat pour des causes importantes et humanistes. En demandant à mon entourage ce que pouvait leur évoquer le personnage de Wonder Woman, revenait souvent son « hypersexualisation », ses rôles aux côtés des « vrais » héros comme Batman ou Superman, sa naïveté... Envahie par une vague de doute, j'ai pensé avoir mal lu les comics, mal regardé les adaptations, sans même imaginer une seconde que ces avis venaient de personnes qui ne connaissaient que très peu le personnage. J'ai voulu, modestement, restituer quelques vérités. Agacée par les « critiques » concernant le film de Patty Jenkins, j'ai pleuré intérieurement en constatant que la plupart d'entre elles concernaient le personnage féminin, ou plutôt ce qui en fait un personnage dit féminin : son corps, son costume, ses émotions, ses convictions, alors que très peu parlaient technique, travelling, scénario... Derrière ce personnage qui ne semble pas toujours faire l'unanimité, notamment dans les différents féminismes, se cache un idéal universel et visible qui peut résonner en chacun de nous. Elle combat l'injustice, s'engage pour des causes essentielles, déjoue les plans des nazis, elle le fait avec détermination et abnégation. Elle préfère le dialogue à la violence, l'empathie à la revanche, la loyauté à l'opportunisme, le sacrifice à l'indifférence. Tout le monde peut s'identifier à ses valeurs et ses convictions – bon, à l'exception des néo-nazis, mais ce n'est pas plus mal. Ce livre est conçu comme une somme non exhaustive des traits de caractère de notre héroïne, pour que d'une façon ou d'une autre vous puissiez vous en inspirer dans votre quotidien. Je peux déjà vous assurer que vous n'aurez nul besoin d'une force surhumaine pour accomplir vos objectifs, de bracelets pour parer les agressions du quotidien, de bottes rouges pour avancer sans crainte, d'une épée pour vous frayer un chemin, d'un vrai bouclier pour vous protéger. Le secret se trouve bien au-delà de l'accessoire. Ce personnage complexe et nuancé mérite qu'on s'y attarde. Chaque numéro, chaque adaptation de *Wonder Woman*, aussi affligeants soient-ils parfois, reflète un pan d'une société, d'un vieux monde contre lequel l'héroïne lutte à sa façon. Mais rassurez-vous, elle a su évoluer en accord avec son temps et ses auteurs. Gail Simone, George Pérez, Phil Jimenez, Greg Rucka, et d'autres ont su évoquer à travers le personnage et ses engagements les luttes de notre temps.

Bonne lecture...

WONDER WOMAN

EN QUELQUES DATES
NON EXHAUSTIVES ET
TOTALEMENT ARBITRAIRES

GOLDEN AGE 1941-1947

Aussi étincelant que la tiare de l'héroïne, il désigne les premières années du comics et s'achève avec la mort soudaine du créateur William Moulton Marston. Cette période connaît des scénarios improbables axés autour de la Seconde Guerre mondiale et présente une héroïne intelligente, forte et indépendante qui sauve l'Amérique à chaque numéro, religieusement attendu devant les kiosques à journaux. Les dessins de Harry G. Peter accompagnent les scénarios de Marston mais surtout ceux de Joye Hummel qui, dans l'ombre, fera résonner sa machine à écrire sans relâche pour assurer les parutions, notamment quand Marston tombe malade et succombe en 1947. Après sa mort, elle poursuit la série jusqu'au numéro #29, mais se voit rapidement remplacée sans qu'on reconnaisse pleinement son talent.

LE SAVIEZ-VOUS ?

Wonder Woman n'est pas la seule super-héroïne de son époque. Elle partage la vedette avec Miss Fury, signée Tarpe Mills alias June Mills et Mysta of the Moon créée par Fran Hopper, des héroïnes... dessinées et scénarisées par des femmes !

SILVER AGE
1947-1968

Cette époque fait la part belle aux équipes de héros comme la Ligue des Justiciers, les Quatre Fantastiques ou encore les Avengers. Ces groupes ont tous en commun la sous-représentation des femmes, sans parler des minorités. Wonder Woman se remet péniblement de la mort de son créateur et quitte les mains talentueuses et bienveillantes de Joye Hummel pour les mains réactionnaires de Robert Kanigher qui, surfant sur la vague traditionnaliste d'après-guerre, juge bon de renvoyer Diana à des préoccupations dites « féminines », comme par exemple le mariage. Il assure la parution de la série pendant 22 ans avec le dessinateur d'origine, Harry G. Peter, avant de passer le flambeau au début des années 1960 au scénariste Mike Esposito et au dessinateur Ross Andru.

1968-1972

La série prend un tour inattendu et impose un changement radical, pensant embrasser là le vent de liberté apporté par les sixties. Dennis O'Neil et Mike Sekowsky décident de supprimer les pouvoirs de Diana, geste ô combien symbolique, qu'ils perçoivent comme un véritable mouvement d'émancipation. Question de point de vue… Diana renonce donc à ses pouvoirs et change de style vestimentaire, persuadée que ce changement est la condition sine qua non pour plaire à Steve qui, au passage, y passe dès les premières pages. Le personnage stéréotypique d'I-Ching fera son apparition pour quelques numéros aux côtés de Diana pour lui apprendre les rudiments des arts martiaux. Le duo ne remportera que peu de succès.

LE SAVIEZ-VOUS ?

Cool fact : la rockstar du militantisme féministe et coéditrice de _Ms. Magazine_, Gloria Steinem, regrette publiquement l'héroïne initiale et ses pouvoirs. À l'été 1972, le magazine prophétise l'accès de Diana à la présidence et réclame le retour de ses pouvoirs.

BRONZE AGE
1970-1980

Au-delà des comics, cette période voit apparaître la série télévisée *Wonder Woman* de 1975 à 1979, avec Lynda Carter dans le rôle de notre Amazone. Son générique endiablé, ses cascades, ses pirouettes, et son franc-parler en feront une icône pour des générations entières.

1980-2000

Souvent considéré comme un âge sombre pour les comics qui peinent à se vendre, il est une aubaine pour la série *Wonder Woman*. L'événement le plus important, selon moi, est la reprise de George Pérez. En 1986, le scénariste et dessinateur entreprend un reboot de la série, accentuant sa *storyline* sur les origines de l'Amazone, pétries de mythologie grecque. L'héroïne reprend du service et apparaît plus forte et déterminée que jamais. La lecture du personnage de Pérez va influencer les artistes qui reprendront la série.

Les années 2000 seront marquées par la reprise géniale de Greg Rucka qui saura mettre en valeur les qualités de Diana sans jamais rogner sur son côté badass. Ses couvertures sont mythiques, notamment celle du numéro « *Hiketeia* » ou l'on aperçoit la botte rouge de Diana écraser le visage masqué de Batman. Sa version conserve les origines de Diana et ajoute un tour dramatique à son départ de Themyscira. Incapable de communiquer dans le « monde des hommes », le personnage de Minerva, docteure spécialiste des mondes antiques, initie Diana à la langue et à la culture locale. Greg Rucka sera l'un des premiers à souligner l'évidente bisexualité de Diana et revendiquer son identité *queer.*

2007

Gail Simone reprend le flambeau et deviendra une des scénaristes les plus pérennes de la série. Elle s'inscrit indiscutablement dans le panthéon des meilleures scénaristes du comics avec Joye Hummel, Mindy Newel, Trina Robbins et Jodi Picoult. Elle participe également à diverses adaptations animées de *Wonder Woman* et poursuit l'ancrage féministe de l'héroïne.

LE SAVIEZ-VOUS ?

Gail Simone se fait une place dans le monde de l'animation et des comics grâce à son blog *Women in Refrigerators*, dans lequel elle recense et s'indigne du sort tragique réservé à de (trop) nombreux personnages féminins dans la bande dessinée, dans la mesure où cela permet de mettre en avant leurs homologues masculins. Elle contribuera à de nombreuses séries animées et comics dont *Les Simpsons* ou encore *Justice League Unlimited*.

2017

Le *Rebirth*[4], confié à la scénariste Shea Fontana, paraît. Il conserve l'histoire d'origine en ajoutant des éléments plus personnels, comme la très forte amitié entre Diana et Etta Candy. Les deux héroïnes, aidées de Steve, prennent part à des conflits plus contemporains.

4. Renaissance.

WONDER WOMAN FÊTERA BIENTÔT SES 80 ANS DE PARUTION !

DIANA
SAIT D'OÙ ELLE VIENT ET QUI ELLE EST

« I AM STRONG. I AM A WARRIOR. I AM AN AMAZON. I AM A WOMAN OF HOPE AND PEACE. AND I AM FREE[5]. »

5. « Je suis forte. Je suis une guerrière. Je suis une Amazone. Je suis une femme pleine d'espoir et de paix. Et je suis libre. »
Shea Fontana, *Wonder Woman* (vol. 5) #30 (*Heart of the Amazons, Part 5*), 2018.

C'est ainsi que l'on peut résumer Wonder Woman ou Diana de Themyscira pour les intimes.

Wonder Woman est issue d'un peuple de guerrières impétueuses et féroces, dont l'origine oscille entre mythologie, fantasmes et histoire : les Amazones. Les récits qui relatent l'histoire des Amazones nous viennent principalement de la Grèce antique. Des orateurs, des poètes évoquent un peuple de femmes guerrières qui serait apparu aux alentours de 1200 avant notre ère, sur les rives du fleuve Thermodon, en Asie Mineure.

Plus généralement, le terme « Amazone » est utilisé pour désigner des femmes combattantes. Il désigne par exemple le régiment militaire féminin du roi Béhanzin qui protège le royaume du Dahomey notamment lors de la bataille de 1890 contre les forces françaises envahissant l'Afrique de l'Ouest.

Dans le tout premier numéro[6] signé du créateur de l'héroïne, William Moulton Marston illustre un mythe fondateur qui permet d'expliquer l'origine de l'aversion des Amazones pour le concept de soumission aux hommes. Lors de ses douze travaux et après avoir transformé le lion de Némée en descente de lit, occis l'Hydre de Lerne, joué les techniciens de surface aux écuries d'Augias et empaillé tous les animaux sauvages qui se trouvaient sur son chemin, Héraclès doit s'emparer de la ceinture de la

6. *All Star Comics* #8, octobre 1941.

reine Hippolyte. Dans un premier temps, Héraclès combat la reine des Amazones, caressant le doux espoir de l'humilier devant ses sujets ainsi que de lui voler sa précieuse ceinture magique offerte par Aphrodite afin de protéger la force des Amazones. C'était sans compter sur la force que cette dernière donne à Hippolyte qui défait le malotru en quelques coups d'épée. L'ego meurtri, Héraclès reconnaît à demi-mot la toute-puissance des Amazones et propose un banquet en leur honneur. En bonne gagnante, Hippolyte trinque à leur victoire. Profitant de l'ivresse générale, il tente de séduire la belle victorieuse avec une phrase mièvre qu'on imagine digne des plus illustres harceleurs de rue, et obtient l'autorisation de tenir ladite ceinture entre ses grosses pattes. Et là, c'est le drame, le félon s'empresse de rameuter son armée et d'attaquer les Amazones qui ont à peine le temps de maudire Arès et se retrouvent lourdement enchaînées. Désespérée et soucieuse de sauver son peuple, Hippolyte prie Aphrodite de leur donner la force de briser leurs chaînes. La déesse accepte à la condition qu'elles portent désormais des bracelets qui « rappelleront à jamais la folie consistant à se soumettre à la domination des hommes[7] ». Une fois cette condition acceptée les Amazones ont renversé leurs oppresseurs et mis les voiles vers leur terre promise, « un paradis réservé aux femmes[8] ».

---

7. *All Star Comics* #8, décembre 1941, William Moulton Marston, Harry G. Peter.
8. *Ibid.*

MYTHOLOGIE PÉREZIENNE

George Pérez, aidé de Greg Potter, reprend l'écriture et l'illustration de *Wonder Woman* dès 1987. Dans le premier numéro, Pérez revient sur le mythe fondateur des Amazones, le comics s'ouvre sur ce qui semble être le premier cas de violence domestique en 30 000 avant notre ère, puisqu'un homme des cavernes, frustré d'avoir perdu une bataille contre un tigre à dents de sabre, se venge sur sa femme et la tue. L'âme de cette dernière disparaît dans la nuit étoilée. Quelques pages plus tard, dans la caverne des âmes d'Hadès, tourbillonnent les âmes des femmes « tuées par la peur et l'ignorance des hommes[9] ».

Pour mettre un terme à la folie d'Arès, les déesses Hestia, Athéna, Artémis et Déméter, offrent une nouvelle destinée à ces âmes qui, par un procédé divin, se mettent à pleuvoir sur un lac duquel vont émerger les premières Amazones dont Hippolyte et Antiope, choisies pour régner.

Athéna leur fait don de sa sagesse, Artémis le don de chasser ainsi qu'un abonnement éternel au magazine *Chasse et Pêche*, Hestia leur prépare une cité aux petits oignons, Déméter leur promet des récoltes fertiles garanties sans glyphosate et Aphrodite le « miracle de l'amour »… Alors, heureuses ?

---

9. George Pérez, *Wonder Woman* (vol. 2) #1, février 1987.

Que ce soit dans les comics comme les adaptations animées et cinématographiques, les Amazones[10] sont réunies sur l'île de Themyscira où elles ont organisé leur société modèle, dont le concept se caractérise notamment par l'unique présence de femmes. Dans la tradition grecque, au-delà de leur beauté innée, de leur intelligence et de leur force redoutable, elles se distinguent par une mutilation les privant d'un sein, ce qui facilite le décochement des flèches ou le port du bouclier pendant les batailles, mais cet aspect n'est pas représenté dans l'œuvre et ses diverses adaptations. En créant une société autosuffisante, elles sortent du cadre dessiné pour elles et leur condition de femmes.

10. Alain Testart, « Les Amazones, entre mythe et réalité », *L'Homme*, n° 163, juillet-septembre 2002.

Themyscira, rebaptisée dans les comics « Paradise Island », est un modèle d'équité et de justice sociale. Hippolyte éprouve le désir de maternité. Telle une pygmalionne, elle sculpte une petite fille qui prendra vie grâce aux pouvoirs divins d'Aphrodite ou Zeus, selon les récits. On la nomme Diana, en hommage à la déesse maîtresse de la chasse. L'enfant est un véritable prodige. Dès l'âge de trois ans elle arrache des arbres comme des mauvaises herbes, la sensibilisation à la déforestation viendra plus tard car l'heure est à l'affirmation de sa force surnaturelle. À cinq ans, elle s'entraîne au sprint contre les daims qui peuplent ce qu'il reste de forêts. À quinze ans, elle accède au rite de passage des Amazones qui consiste en jurer son dévouement aux déesses, recevoir ses bracelets sur l'autel d'Aphrodite et enfin s'abreuver à la fontaine de la jeunesse éternelle. Cul sec !

Malgré toutes ces hypothèses, ces partis pris, Diana incarne toujours cette Amazone fière et digne qui n'oublie jamais d'où elle vient. Elle intègre les valeurs amazones dans sa vie quotidienne et cela lui permet de ne pas perdre pied. Savoir d'où l'on vient, que ce soit au niveau géographique ou social, peut nous aider à garder le cap, soit en reproduisant les bons schémas, soit en évitant les mauvais. D'une manière générale, Diana refuse de rentrer dans le moule et détonne par son armure reluisante, qu'elle arbore, fière de son héritage.

DIANA
EST DÉTERMINÉE

« SOMETIMES, IT'S BEST NOT TO BE WHO WE ARE… BUT WHO WE ASPIRE TO BE.[11] »

11. « Parfois, il vaut mieux ne pas être qui nous sommes mais qui nous aspirons à être. »
Brian Azzarello, *Wonder Woman* (vol. 4) #23, *God Down*, 2013.

Un jour, alors que Diana scrute l'horizon d'un air songeur, une drôle de machine vient crever l'horizon et disparaît dans l'eau avec fracas. Aidée de son amie Mala, Diana nage jusqu'à l'épave d'un avion dans lequel elle découvre un homme blessé. Les deux camarades décident de le ramener en ville pour lui prodiguer les premiers soins. Toute présence masculine sur l'île est rigoureusement interdite, lui rappelle Mala, mais sans tenir compte de cette mise en garde, Diana emmène le capitaine Steve Trevor des services secrets de l'armée américaine chez le médecin royal. Celle-ci se montre peu optimiste quant à la survie du jeune homme. C'était sans compter l'acharnement de Diana qui, pendant cinq jours, travaille à la confection d'un rayon pourpre pour guérir le blessé qui, entre-temps, calenche. Sûre d'elle, Diana soumet le défunt à sa nouvelle invention qui le ressuscite instantanément.

Le patient remis sur pied, Diana se propose à sa mère pour le ramener d'où il vient. Méfiante, Hippolyte refuse. Mais pendant ce temps-là, bien loin des considérations terriennes, Arès se réjouit du cours de la Seconde Guerre mondiale, fomentée par ses soins, auprès d'Aphrodite. Cette dernière lui prédit la victoire de l'Amérique aidée d'une Amazone de Themyscira. Le décret de la reine passe sur les ondes de la radio mentale des Amazones pour déclarer la tenue d'un tournoi athlétique dont la gagnante remportera le droit de ramener le capitaine Trevor chez lui et par la même occasion celui de lutter contre le mal et mettre fin à la guerre. Malgré l'interdiction de sa mère, Diana se présente incognito, ce qui dans le langage de Wonder Woman veut dire être masquée d'un loup ou d'une paire de lunettes... Mais avouons-le, le sens du camouflage est loin d'être maîtrisé par d'autres super-héros, comme Superman et ses lunettes.

Les épreuves du tournoi s'enchaînent : combats à dos de Kangas (espèce de kangourous sous stéroïdes), le saut de lasso et enfin la redoutée épreuve des balles, qui consiste à repousser des balles réelles avec leurs bracelets. Là encore, Diana, ou plutôt, cette mystérieuse femme masquée, fait preuve d'une habileté incroyable et remporte l'épreuve. C'est une Hippolyte terrassée par la surprise qui offre à sa fille triomphante LE costume.

Son capitaine convalescent sous le bras, elle embarque dans son avion transparent et ultrarapide qu'elle pilote comme une cheffe. Une fois arrivée à destination, Diana emmène Steve à l'hôpital.

Plus tard, en rendant visite à Steve à l'hôpital, l'Amazone fait la connaissance d'une infirmière qui lui ressemble farouchement et qui s'appelle également Diana. Étonnant, non ? Cette dernière, en proie à de graves ennuis, vend son identité à Wonder Woman pour qu'elle puisse rester aux côtés de Steve. C'est ainsi que Diana princesse de Themyscira/Wonder Woman devient Diana Prince.

Cette double identité semble encore plus difficile à gérer pour Wonder Woman car elle ne peut être une femme indépendante et puissante que lorsqu'elle revêt son costume.Le reste du temps, elle en est réduite à prétendre être une modeste employée de bureau, efficace mais effacée. Diana tend à incarner la personne qu'elle souhaite être et non pas celle qu'on la contraint à être. D'ailleurs, la succession des épisodes nous prouvera que Diana Prince s'affirmera sans l'aide de son précieux costume qui, décidément, ne fait pas toujours l'héroïne...

La détermination de Diana résulte d'une force mentale à toute épreuve qui lui permet de pulvériser n'importe quel obstacle. Ce mental d'acier nécessite une suite d'entraînements perpétuels. Ce muscle prend ou perd du volume au gré des embûches qui jonchent parfois notre route et qu'on appelle souvent à tort des échecs. Ne pas se laisser décourager, maintenir le cap vers vos objectifs, savoir être patient et accepter les difficultés incarnent la fonte qu'il vous faudra soulever pour renforcer votre force mentale.

POUVOIRS ET HABITS DE LUMIÈRE

Des pouvoirs, l'Amazone en a par-dessus la tiare. Sa force accrue et sa super-vitesse font pâlir les masculinistes… Diana peut fendre les cieux grâce aux pouvoirs conférés par le dieu Hermès. Sa vue perçante lui permet de ne jamais manquer sa cible. Dotée d'une sagesse et d'une intelligence abyssale, elle parle une centaine de langues et excelle en stratégie militaire. L'empathie insondable de Diana ajoute une bonne dose d'humanité a ce *man's man's man's world* que sont les comics engoncés dans un trop-plein de « virilité », elle lui permet de révéler les sentiments les plus enfouis des plus cruels des méchants et ainsi de souligner leur vulnérabilité. Ses grandes capacités de communication ne connaissent aucune barrière : polyglotte, télépathe, elle échange avec n'importe quel être vivant. Mention honorable pour la projection astrale, idéale quand on souhaite rendre visite à sa mère, résidant sur une autre dimension ou s'échapper d'un *date* foireux. Ces pouvoirs se complètent par une panoplie d'accessoires qui ne manquent pas de changer selon les versions.

Une **tiare dorée** marquant son appartenance aux Amazones, elle fait boomerang quand on la lance, ses contours tranchants lacèrent tout sur leur passage et dans son alliage se reflètent les tentatives sournoises de ses ennemis.

Les **bracelets** qui, au-delà de la représentation symbolique de la lointaine soumission des Amazones aux hommes, lui permettent de balayer des balles et projectiles d'un revers de poignet. "Plot twist" : dans les comics de William Moulton Marston, Wonder Woman perd ses pouvoirs si elle est enchaînée par un homme, mais trouve toujours une solution pour s'en sortir et les dérouiller.

Le **lasso de vérité** avec lequel elle peut rendre les « bad men good, and weak women strong! », son étreinte vous oblige à avouer l'inavouable, mais gare à celui qui tente de lui résister… Il sert également à capturer les ennemi.e.s, se balancer d'éclairs en éclairs, ou à commettre l'irrémédiable au moment des symptômes prémenstruels.

Son costume évolue selon les époques et les coups de crayons des artistes. La première version de ce dernier se compose d'un corset rouge sur lequel s'étend un aigle doré, ainsi que d'une jupe bleue tapissée d'étoiles blanches qu'elle échangera contre la version short. Elle porte des bottes à talons rouges ou parfois des spartiates montantes. Ces éléments seront remplacés à partir des années 2000 par une armure de guerrière assortie d'une épée et d'un bouclier.

Son armure et son épée toutes les deux forgées par Héphaïstos.

Son fidèle bolide, un avion transparent qu'elle peut commander avec son esprit.

DIANA
ASSURE AUX ENTRETIENS D'EMBAUCHE

« YOU'VE SHOWN US, PRINCESS, THAT CLEVER WOMEN CAN CONQUER THE STRONGEST MEN!

– AND DON'T YOU EVER FORGET THAT, GIRLS[12]! »

12. « Vous nous avez montré, princesse, que les femmes intelligentes peuvent triompher des hommes les plus forts !
— Et n'oubliez jamais ça, les filles ! »
Joye Murchinson, *Wonder Woman* (vol..1) #13 *(The Icebound maidens)*, 1945.

En guise de couverture, Diana achète l'identité de Diana Prince, infirmière dans l'hôpital où Steve Trevor est soigné. Mais une fois sa guérison complète, Diana doit changer de métier pour rester proche de Steve. Ce dernier, grand seigneur, lui propose de passer un entretien avec le colonel Darnell pour un poste de secrétaire dans son unité en lui mettant une pression folle et en dénigrant ses capacités. Diana, sous l'apparence de Diana Prince, ne se laisse pas impressionner et décide de se rendre à l'entretien, bien déterminée à prouver que Steve se fourvoie. Après un bref entretien, le colonel Darnell, qui est, comme sa fonction le présuppose, « viril », quinquagénaire bien tapé, blanc et suintant la condescendance et la masculinité toxique, lance un : « Ma pauvre petite fille, j'ai bien peur que vous ne puissiez pas suivre ma dictée. Mais je vais vous faire essayer. » Vous avez envie de cramer des choses ? C'est normal !

Mais Diana, bien plus maligne que lui, respire, garde son sang-froid, animée par une envie de moucher ces hommes qui la rabaissent, prend tout en note et tape plus vite que son ombre. La lettre entre les mains, Darnell n'en revient pas. Instantanément, Diana se reprend et se rappelle qu'elle ne doit pas se faire repérer en étant « trop compétente » car cela risquerait d'éveiller les soupçons sur sa double identité. Impressionné, le colonel embauche Diana sur le champ, bienheureux de refiler le sale boulot à ses petites mains agiles, sans jamais se rendre compte que ces mêmes mains agiront dans l'ombre pour sauver, défendre, protéger...

Comment répondre à cette vieille condescendance crasse ? Autrement qu'en y mettant le feu, j'entends. Diana fait preuve d'une fascinante maîtrise d'elle-même, elle ne se laisse pas démonter face à des commentaires sexistes et négatifs, car elle garde le cap de son objectif. Céder à la colère est tentant, parfois salvateur bien que cela risque plutôt d'aggraver la situation et se retourner contre vous, mais en soi, c'est votre décision. Par Héra, mais que fait Wonder Woman ? Eh bien elle répond, dans la plupart des cas, avec détachement, presque avec indifférence, comme si rien ne pouvait troubler sa concentration. Même si cela n'excuse absolument rien, il est probable que ces personnes n'aient pas la moindre idée qu'elles tiennent des propos condescendants, mais qui sait, un petit rappel peut être l'occasion d'une prise de conscience bienvenue. Diana a confiance en elle et connaît ses capacités, c'est sûrement sa plus grande force, notamment lors d'un entretien d'embauche où l'on cherche à montrer le meilleur de nous-même, une vitrine alléchante et docile pour le recruteur, à qui on se garde d'évoquer notre appétence pour le syndicalisme et notre aversion pour la réforme des retraites, entre autres...

DIANA
GÈRE LES PERVERS PÉPÈRES

« I'LL SHOW HIM[13]! »

13. « Je vais lui montrer ! », *Sensation Comics* #3, mars 1942.

Le colonel Darnell fait partie de l'entourage de Diana Prince depuis le début des aventures de l'héroïne anonyme et devient son supérieur à l'épisode #3 de *Sensation Comics*. En soi, ce n'est pas spécialement un mauvais bougre, mais par ses attitudes déplacées, ses propos sexistes qui, avouons-le, sont monnaie courante dans les comics de ces décennies, il incarne un vieux monde, celui qu'on ne peut plus supporter aujourd'hui (et même déjà à l'époque, je vous rassure). Dans un autre épisode[14], Diana Prince apporte une lettre à Darnell qui s'affole en découvrant l'expéditrice, Wonder Woman, et son contenu, une situation absolument incroyable, à tel point qu'elle nécessite l'intervention du capitaine Steve Trevor. Diana Prince, qui est Wonder Woman et qui DONC a écrit cette lettre, propose humblement son aide, ce à quoi Darnell répond : « Non non, c'est bien trop compliqué pour n'importe quel cerveau féminin, sauf pour celui de Wonder Woman ! » C'est cocasse...

Avec tout cela, c'est à se demander pourquoi Wonder Woman tient tant à son anonymat...

---

14. *Sensation Comics* #13.

BAS LES PATTES !

Vous la connaissez, cette main insistante qui s'attarde sur votre épaule, sur votre avant-bras, ou pire, sur votre hanche. Dans son travail en tant que secrétaire du colonel Darnell, Diana Prince y est exposée quotidiennement. Les hommes autour d'elle ressentent le besoin incontrôlable de la rassurer, alors qu'elle réfléchit à comment elle va pouvoir s'éclipser pour sauver la situation.

Alors qu'elle s'entretient avec son supérieur, dans l'intimité de son bureau, ce dernier se lève, feignant d'écouter Diana Prince en train de l'alerter sur une situation sérieuse, et passe le doigt dans une boucle de ses cheveux. Vous aussi vous sentez comme une odeur de malaise ? Si l'abnégation de Wonder Woman n'est pas pour vous, ce que je comprends, alors dites-le à votre entourage ! Ne subissez pas un geste que vous jugez déplacé, qu'il soit mal intentionné ou non ! Je vous assure qu'on s'en remet vite de passer pour l'asociale-hystéro-féministe-germophobe de l'open space. De toute façon j'ai toujours détesté les open space.

Alors qu'au fil des années et des adaptations il apparaît de moins en moins, il reste néanmoins la hiérarchie de Steve et Diana. Dans les années 1980, après moult changements éditoriaux et scénaristiques, le général Darnell, Phil pour les intimes, refait surface. Le contexte politique n'étant plus celui de la Seconde Guerre mondiale, le trio professionnel se retrouve à œuvrer pour les Nations unies. Si Darnell est passé au grade de général, il a aussi pris du galon dans la hiérarchie des raclures et devient harceleur professionnel. Pendant une réunion au sommet où est évoquée la création d'une ville entièrement alimentée par les énergies solaires renouvelables, Diana manifeste son intérêt auprès du décisionnaire, le général Darnell. Ce dernier, suintant l'abus de pouvoir, propose à Diana de discuter le budget plus en détail et rajoute : « Disons, au dîner ce soir au San Souci[15] ? » Diana accepte, non sans soupirer. MAIS ! C'était sans compter sur la bassesse d'esprit de certains scénaristes qui viennent étouffer l'angle pourtant intéressant et pertinent du harcèlement pour mettre l'accent sur l'hyperactivité sentimentale de Diana qui, le même soir, doit dîner avec Steve, en tant que Wonder Woman, et qui par un hasard fou a rendez-vous dans le même restaurant que celui où l'attend Darnell. Diana subit son premier dîner avec le général et, alors qu'elle s'éclipse pour assister à son autre rendez-vous, en se changeant, s'écrie : « Le général essaye d'être gentil, mais au fond, il sera toujours un général. » Et paf !

---

15. *Wonder Woman* #274.

Quelques numéros plus tard, il revient à la charge et, alors qu'une crise mondiale commence à pointer le bout de son nez, Darnell, en attrapant les mains de Diana, lui déclare sa flamme. Professionnelle, Diana lui rappelle que ce n'est ni le lieu ni le moment de se livrer ainsi et invoque le passage de Steve pour s'échapper, des fois qu'on aurait besoin d'elle. En rattrapant Steve au vol, elle se demande intérieurement pourquoi les hommes cachent leurs intentions derrière un soi-disant devoir de protection envers les femmes. Enfin, après un énième dîner, Darnell raccompagne Diana chez elle alors qu'elle souligne à quel point il est injuste qu'il poursuive sa cour malgré les maintes expressions de son désintérêt. Mais qu'importe, puisqu'il lui a fait savoir à de nombreuses reprises qu'il était fou d'elle, avant de l'embrasser, une main bien accrochée derrière la nuque de la jeune femme. « Donne-moi la force, Aphrodite ! » rage Diana en claquant sa porte d'entrée.

Dans l'épisode #288, alors qu'elles sont en voiture, Etta évoque la situation à Diana en sous-entendant que cette dernière devrait être flattée, ce à quoi Diana répond qu'il n'y a pas de quoi être flattée dans la mesure où elle lui a fait comprendre qu'elle n'était intéressée ni par ses attentions, ni par sa protection.

Diana Prince adopte toute une palette de comportements face aux gestes, propos et tentatives inappropriés de son supérieur hiérarchique. Elle fait face comme elle le peut à ces agressions, notamment en ignorant un certain nombre d'entre elles. Mais pour beaucoup de harceleurs, si l'indifférence n'est pas un « vrai non », elle est presque une invitation à continuer, un demi-consentement en quelque sorte. Diana fait preuve de calme et prend soin de remettre les conversations et avances inappropriées du général dans leur contexte, c'est-à-dire celui du travail, en espérant déclencher une prise de conscience. Dès qu'il manifeste ses ardeurs à son égard, elle s'empresse de lui rappeler qu'elle n'est pas intéressée, qu'elle n'a pas besoin d'être protégée, cajolée. Il est important de verbaliser le refus, le désintérêt, bref le « non ». Dans la mesure du possible, elle tente d'impliquer ses collègues, soit en évoquant la question avec eux, en les utilisant pour faire diversion, pour ne pas s'isoler. On peut se demander si Darnell aurait harcelé Wonder Woman, non dans son costume de femme civile mais cette fois dans son costume d'Amazone, muscles apparents, colère au poing...

QUE FAIRE SI CELA VOUS ARRIVE ?

Les affaires de harcèlement ne sont pas uniquement présentes dans les comics, comme en témoignent de nombreuses affaires mises en lumière par des femmes qui en ont été victimes. Peu importe la nature du harcèlement, moral ou sexuel, vos droits fondamentaux sont atteints. Faites part de votre situation à vos collègues, à votre entourage et à votre employeur, même si c'est ce dernier qui vous malmène, car, selon le code du travail, il ne peut pas mettre un terme à une telle situation s'il n'en a pas connaissance. Si votre harceleur est aussi votre supérieur hiérarchique, rappelez-lui que c'est une circonstance aggravante et que son délit est passible d'emprisonnement. Dans la mesure du possible, ne vous isolez pas et entourez-vous de personnes de confiance qui vous aideront à mener cette bataille injuste. Le code du travail comporte des articles récents pour protéger les personnes victimes de harcèlement ou d'autres violences et un site gouvernemental pour vous informer. Des numéros d'urgences sont disponibles ainsi que de nombreuses associations qui peuvent vous accompagner avec pugnacité et bienveillance.

LES NUMÉROS D'URGENCE[16]

le 17 : numéro qui vous permet de joindre la police et la gendarmerie.

le 112 : numéro d'appel unique européen pour accéder aux services d'urgence, valable dans l'Union européenne.

le 15 : numéro spécifique aux urgences médicales, qui vous permet de joindre 24h/24 le service d'aide médicale urgente (SAMU).

le 18 : numéro qui vous permet de joindre les pompiers.

le 114 : numéro d'urgence pour les personnes sourdes ou malentendantes victimes ou témoins d'une situation d'urgence, afin de solliciter l'intervention des services de secours (en remplacement des 15, 17, 18).

16. Source : stop-violences-femmes.gouv.fr

QUELQUES ASSOCIATIONS À CONTACTER

AVFT : association européenne contre les Violences faites aux Femmes au Travail.
www.avft.org

CLASCHES : collectif de lutte antisexiste contre le harcèlement sexuel dans l'enseignement supérieur.
www.clasches.fr

En avant toute(s) : association qui lutte contre les violences faites aux femmes et aux personnes LGBTQI+.
enavanttoutes.fr

Le collectif #NousToutes, composé de plusieurs associations et organismes. Sensibilisation active sur les réseaux sociaux et dans l'espace public.
noustoutes.org

Vous pouvez trouver d'autres associations sur le site **www.stop-violences-femmes.gouv.fr**

DIANA
NE SE RÉSIGNE JAMAIS, NOTAMMENT QUAND ON LUI EXPLIQUE LA VIE

« THE LASSO COMPELS TRUTH, BUT IT CAN'T STOP MANSPLAINING[17]. »

17. « Le lasso force à dire la vérité, mais ne peut empêcher le *mansplaining* », *Sensation Comics* #29-30, 2015.

Ah, le *mansplaining*, cette idée qu'une personne, généralement un homme, explique sur un ton paternaliste et condescendant quelque chose alors que ce n'est pas nécessaire, dans l'optique consciente ou inconsciente d'établir un angle de domination. Avec un air profond, le regard lointain, les explications fusent sans laisser place au moindre dialogue. Dans son livre *Ces hommes qui m'expliquent la vie*[18], Rebecca Solnit aborde la mecsplication et ses conséquences, comme l'invisibilisation et la décrédibilisation du discours féminin et féministe. Alors qu'un homme d'un certain âge s'adresse à elle pendant une fête et soulève qu'elle est l'autrice « d'un livre ou deux » (en réalité, plus de 7 à l'époque) elle écrit : « sur le ton de celui qui encourage la gamine de sept ans d'un ami à lui expliquer comment elle joue de la flûte à bec, il m'a demandé : “Et de quoi parlent-ils ?” »

À peine a-t-elle entamé son explication que l'homme la coupe pour lui parler d'un livre important paru sur ce sujet. « Empêtrée dans le rôle d'ingénue qu'on m'avait assigné, j'étais volontiers prête à croire qu'un autre livre sur le même sujet était sorti en même temps que le mien et que cela m'avait échappé. Mais mon interlocuteur devisait déjà sur ce texte très important – avec ce regard suffisant que j'ai si souvent vu chez les hommes qui dissertent, les yeux fixés sur l'horizon flou et lointain de leur propre autorité. » Ce livre sur « l'annihilation du temps et de l'espace et l'industrialisation du quotidien », c'est elle qui l'a écrit.

18. Rebecca Solnit, *Men explain things to me*, Haymarket Books, 2015

Si le terme est récent, la pratique elle, est ancienne. Son apparition médiatique date du début du XXe siècle avec les débats sur le droit de vote des femmes et les arguments des suffragettes, où des personnalités publiques masculines prennent part aux échanges en expliquant que les femmes ne veulent pas du droit de vote, celles-ci étant trop attachées à la structure de la société pour vouloir la bouleverser.

Wonder Woman n'échappe pas non plus à cette pratique. Au bureau comme sur le terrain, elle est victime de mansplaining, de manterrupting[19] et de remarques sexistes. On voit assez souvent, notamment dans les premières années du comics, des réunions de crises où des décisions capitales sont prises avec un public restreint pour évincer un personnage aux plans machiavéliques. Des personnages masculins comme Steve Trevor ou le général Darnell choisissent toujours de foncer dans le tas, allant contre l'avis à peine audible de Diana Prince qu'on finit toujours par chasser comme une enfant insolente. Suite à quoi Diana Prince file se changer[20] et se met au travail en vitesse pour arrêter les renégats qui lui servent d'ennemis et surtout sauver la peau de ses collègues un peu trop sûrs d'eux. L'héroïne affronte ces épreuves du quotidien avec

---

19. Désigne la pratique souvent masculine qui vise à couper la parole aux femmes.

20. La série *Wonder Woman* avec Lynda Carter démocratisera le changement de vêtements de l'héroïne, qui n'a qu'à tournoyer sur elle-même pour revêtir son habit de lumière. Or, dans les comics, elle trimbale son costume dans son sac et s'isole pour se changer, ou utilise parfois son lasso magique pour faire apparaître le vêtement.

panache en faisant face à l'oppression de certains personnages masculins. Elle reconnaît malgré tout que, parfois, il vaut mieux feindre d'ignorer ces attitudes toxiques pour se concentrer sur ce qu'on peut réellement changer.

Dans un épisode[21] plus récent, Wonder Woman est appelée à l'aide par le manager d'une jeune chanteuse dont la tournée s'annonce mouvementée. En réalité l'homme met des bâtons dans les roues de l'héroïne qui, évidemment, s'en sort tout de même très bien. Wonder Woman et Etta attrapent le bougre, saucissonné dans le lasso de vérité. Il avoue ne pas apprécier le chemin qu'emprunte sa protégée, qu'il juge « inapproprié ». Forcé par le lasso, il cède et explique son regret face à ces figures féminines qui ne savent plus être « féminines, douces et entières », qui ne s'opposent pas à cette culture malade qui les encourage à s'émanciper, à exister, à s'accepter. Il poursuit en ajoutant que lorsque ces femmes essaient d'incarner ces valeurs elles « privent les hommes de leur pouvoir ».

« Le lasso force à dire la vérité mais ne peut pas empêcher le *mansplaining* », lance Wonder Woman, excédée. Suivie par la jeune artiste qui, persuadée d'avoir trouvé la solution, confie son micro à Etta et envoie un crochet du droit dans la mâchoire du type.

Bon évidemment, il n'est pas question d'inciter les gens à la violence, mais j'avoue avoir éprouvé un certain

21. *Sensation Comics* #29-30, 2015.

soulagement en lisant ce passage. Cette charge mentale perpétuellement alimentée par toutes les petites réflexions qui ponctuent notre quotidien mène logiquement à une explosion de rage. Il me semble qu'encore une fois, et même si ce n'est pas évident selon sa position professionnelle, sociale, relationnelle, il est possible d'en discuter de manière relativement calme avec la personne qui vous mecsplique, qui vous coupe.

COMMENT SAVOIR SI ON MECSPLIQUE, OU SI ON SE FAIT MECSPLIQUER ?

Une journaliste de la BBC, Kim Goodwin, a réalisé un diagramme pour répondre à ces questions[22].

Ce qu'on peut y lire, c'est qu'en résumé, si la personne n'a jamais demandé d'explication sur un sujet donné, pas besoin de vous lancer et encore moins si vous ne le maîtrisez pas. Mais si on vous le demande, alors là, tartinez, dans la mesure des stocks disponibles et dans le respect de la personne qui vous écoute. N'oubliez pas non plus que cette façon d'intervenir sur un sujet en ignorant ou minorant les connaissances d'une personne agace aussi, surtout parce qu'elle se révèle dévalorisante car elle remet en question les compétences de l'interlocuteur.rice. De plus, si à travers cette explication non désirée, vous cherchez à prouver votre supériorité, laissez tomber.

22. Kim Goodwin, « *Mansplaining, explained in one simple chart* », 29 juillet 2018, disponible en ligne sur le site bbc.com.

DIANA
EST BIEN DANS SES BOTTES

**« I HATE TO BREAK IT TO YOU BOTH,
BUT I DRESS THIS WAY BECAUSE I WANT TO,
NOT TO PROVOKE OR IMPRESS YOU[23]. »**

23. « Cela m'ennuie de vous le rappeler, mais je m'habille de cette façon parce que je le veux, pas pour vous provoquer ou vous impressionner », *Sensation Comics featuring Wonder Woman* (vol. 1) #16 (*A day in our lives*), 2015.

En lisant divers ouvrages sur Wonder Woman et en abordant la question avec mon entourage, je me suis rendu compte que tous avaient un avis bien précis à donner sur le corps de l'héroïne ainsi que le vêtement qui l'enveloppe.

Son costume, parce qu'il très près du corps, court, sexy et parfois sexualisant, semble être le caillou dans la botte du féminisme de Wonder Woman. Il fera d'ailleurs l'objet de censures lors de la croisade anti-comics du psychiatre Frederic Wertham qui dans son livre *La Séduction des innocents*, paru en 1954, postule que les comics sont le détonateur des pires maux de la société américaine, dont la délinquance juvénile. L'écho réactionnaire du livre parvient jusqu'aux oreilles inquiètes des parents dont les enfants sont des consommateurs avides de comics. La même année, un comité de régulation se crée, c'est le Comics Code Authority, autrement dit des croisés rétrogrades de la bien-pensance qui veillent à ce que les éditeurs adhérents et que leurs publications respectent le Comics Code. Ce dernier interdit entre autres : la représentation de la violence, la sexualité (qu'elle soit hétérosexuelle ou homosexuelle), la maltraitance des « figures d'autorité », les personnages de la littérature d'horreur type loup-garou et compagnie, la moindre apologie du tabac, de l'alcool et autres substances illicites. Oui, on s'emmerde. Il me faut aussi reconnaître que cette censure interdit également les discriminations à l'égard des groupes « raciaux » ou religieux, ainsi que l'éloge des armes, ce qui est en fait plutôt une bonne chose.

Cette censure aura pour effet de contraindre les éditeurs à publier des histoires candides et éthérées à destination du jeune public, suscitant ainsi le désintérêt du lectorat adulte. Elle enferme donc les comics dans le registre du divertissement pour enfants, préjugé dont seuls quelques auteurs courageux pourront s'affranchir officiellement des années plus tard. Mais dès les années 1960, un mouvement de résistance donne naissance aux comics underground qui traitent de certains sujets rigoureusement interdits par le Code et vendus sous le manteau. Les décennies qui suivent verront un assouplissement du Code. En 1989 par exemple, les homosexuels sont intégrés aux groupes qu'il est interdit de discriminer dans les comics alors que les discriminations qui ont cours, notamment dans la société américaine, battent leur plein.

Frederic Wertham cauchemarde de Wonder Woman, il voit toute une génération de petites têtes blondes se faire embrigader par une protagoniste forte, indépendante, intelligente et courageuse qui sauve l'Amérique et le monde à maintes reprises, qui s'impose dans des sphères réservées aux hommes et qui y conteste ouvertement leur hégémonie, laissant derrière elle une cuisine vide et un foyer inanimé... Quelle vision d'horreur (*wink wink*). De Charybde en Scylla, ce corps à peine vêtu gêne... Qu'il soit sculpté à partir de l'argile par Hippolyte puis amené à la vie par les déesses, ou le fruit d'une liaison entre Hippolyte et Zeus, ce corps aux muscles saillants, souligné par un costume iconique, est celui d'une Amazone dont l'un des desseins est la protection de Themyscira, leur île sacrée et la lutte contre le mal sous toutes ses formes. Les Amazones sont de grandes sportives, cela se traduit par des entraînements intenses et quotidiens, très bien représentés dans une des premières scènes du film de Patty Jenkins. De fait, le corps de Wonder Woman n'est pas celui d'une femme de notre monde, forcée de jongler avec tout un tas d'injonctions, mais celui d'une déesse amazone ancrée dans des canons de beauté archaïques.

LA REPRÉSENTATION DU CORPS DANS LE FILM DE PATTY JENKINS

Les amateurs les plus récents de la princesse amazone ont pu la voir pour la première fois seule à l'écran dans le film de Patty Jenkins, sorti en salles en 2017.

On y découvre l'enfance de Diana sur Themyscira, sa fascination pour ces guerrières qui s'entraînent sans relâche et sa volonté d'en faire partie. Mais la reine Hippolyte préfère conter à sa fille l'histoire des dieux et la création des Amazones, espérant détourner subtilement l'intérêt de sa fille pour la castagne. Contre l'avis d'Hippolyte, sa sœur Antiope s'occupe d'initier l'enfant aux arcanes du combat et, en quelques années, en fait une guerrière exemplaire. Le film traduit des engagements féministes notamment à travers le regard de la metteuse en scène.

Dans son livre[24], la géniale Iris Brey théorise la manière de filmer les femmes en tant que sujets et non objets. Selon elle, ce *female gaze* ou regard féminin permet de valoriser l'expérience féminine invisibilisée par l'omniprésence du *male gaze*, qui au contraire a plutôt tendance à restreindre les femmes à leurs corps et à l'esthétisation de ce dernier par le biais de processus cinématographiques, comme le mouvement panoramique vertical qui

24. Iris Brey, *Le regard féminin, une révolution à l'écran*, Éditions de l'Olivier, Paris, 2020.

équivaut à un regard de bas en haut. Iris Brey évoque l'impact visuel que lui font les premières minutes du film. On y voit des femmes s'entraîner au combat, chaque plan montre une action, une frappe, un saut. Le spectateur les découvre à travers le regard de la jeune Diana qui rêve d'égaler ces guerrières athlétiques.

« La puissance émotionnelle qu'exerce cette scène sur moi ne tient pas à ma capacité d'identification avec les personnages mais à l'apparition d'une nuée de corps féminins fendant les airs et l'écran (...) en nombre si important et sans la présence d'aucun homme (alliés ou attaquants). Ensemble, entre femmes, elles ont l'air invincibles. »

L'autrice souligne que ces Amazones sont capables d'agir, de se battre pour le plaisir mais aussi et surtout pour se défendre car elles sont des « corps en mouvement ».

Sous l'objectif de Patty Jenkins, Diana est représentée comme un « sujet super-puissant » et quand cette dernière apparaît dans son costume pour la première fois à l'écran, la caméra s'attarde non pas sur ses formes mais sur son bouclier, ses bottes, son lasso, donc sur les accessoires qui composent sa tenue.

Pour parfaire l'illustration du regard féminin, Iris Brey invoque la scène où Wonder Woman émerge de la tranchée pour traverser le *no man's land*, au sens propre comme au sens figuré, et où la caméra accompagne ses gestes maîtrisés, sans aucun plan serré sur son fessier et au contraire privilégie le face caméra et les plans fixes qui amplifient la puissance du personnage. Pour l'autrice, il s'agit là d'un « geste radical ».

Il semble que le film de Patty Jenkins cherche à se détacher, à éviter et pour reprendre les mots de l'essai, « à résister à l'objectification des corps », c'est-à-dire lutter contre une sorte de norme à laquelle on cède habituellement par facilité.

Dans la scène du bain, où après avoir été sauvé par Diana et ses rayons violets, Steve s'adonne à ses ablutions et laisse voir un « physique de Ken » pour citer Iris Brey, qui laisse l'Amazone indifférente. Le regard de Diana s'arrête sur un objet qui, depuis notre perspective et celle de Steve pourrait être son sexe, alors qu'en réalité elle s'intéresse à sa montre, posée sur son tas de vêtements. « Ce personnage masculin avec ses tablettes de chocolat, nu dans une étendue d'eau turquoise, renvoie à des codes culturels selon lesquels nous devrions le percevoir comme attirant. Mais le regard de Diana sur lui défait cette construction car on ne lui a jamais appris que regarder l'autre en le réduisant au statut d'objet devrait susciter du désir chez elle. »

ETTA CANDY, LA *SIDE-KICK* QUI CASSE LES CODES

Dans les débuts de la série sur papier glacé, les corps des femmes sont tous identiques et reflètent les injonctions de la société sur le corps des « vraies femmes », c'est-à-dire un corps maîtrisé, cadenassé dans des outils de tortures qui forgent une silhouette érotisée sur laquelle les femmes n'ont aucune prise. La seule qui fait exception et qui laisse entrevoir la possibilité d'autres morphologies c'est Etta Candy, la *side-kick* de Wonder Woman qui, comme son nom l'indique, avec un brin de condescendance, consomme des sucreries sans modération. De fait, elle est ronde et elle s'en fout complètement. À chaque fois qu'elle sauve Wonder Woman d'une situation délicate, elle le fait avec une boîte de bonbons dans les mains. À plusieurs reprises, elle évoque le fait qu'elle préfère le chocolat et les confiseries aux hommes. Elle répond à toutes les remarques faites par des hommes sur ses rondeurs.

En termes d'acceptation de son corps, Etta Candy me semble être une bonne conseillère. Elle a choisi son corps, l'assume totalement et envoie balader celles et ceux qui tentent de se l'approprier à coups de jugements de valeurs et de conseils faussement bienveillants. Par sa résistance aux dictats de l'aliénation des femmes, elle incarne une figure, un peu anachronique certes, du body positivisme !

Etta Candy est une des rares protagonistes à représenter une morphologie différente de l'archétype svelte et idéalisé incarné par les autres personnages dans les comics comme dans les films. Même si elle est selon moi trop isolée en ce sens, elle permet aussi de souligner l'existence légitime de ces autres corps et du fait que ce corps ne l'empêche en rien d'occuper des fonctions capitales et d'être aussi dure à cuire que son acolyte Wonder Woman. Alors, dites merde aux injonctions préhistoriques qui invisibilisent, qui censurent, qui imposent. Protégez votre corps de toute remarque toxique et rappelez-vous les propos de Mona Chollet : « Le corps est le dernier lieu où peuvent s'exprimer la phobie et la négation de la puissance des femmes, le refus de leur accession au statut de sujets à part entière ; ce qui explique peut-être l'acharnement sans borne dont il fait l'objet.[25] »

---

25. Mona Chollet, *Beauté fatale: Les nouveaux visages d'une aliénation féminine*, La Découverte, 2012.

DIANA

N'A PAS PEUR DE FAIRE DES SACRIFICES POUR ATTEINDRE SES OBJECTIFS

« GO IN PEACE, MY DAUGHTER. AND REMEMBER THAT IN A WORLD OF ORDINARY MORTALS, YOU ARE A WONDER WOMAN[26]. »

26. « Va en paix, ma fille. Et souviens-toi que dans un monde de mortels ordinaires, tu es une Wonder Woman », Hippolyte, *Wonder Woman* (série télévisée), épisode 1, « *The New Original Wonder Woman* », 1975.

Diana vit une existence paisible et sereine sur son île natale, Themyscira. Cette société matriarcale fait tout ce qui est en son pouvoir pour que ses citoyennes s'y épanouissent quotidiennement. Dès son plus jeune âge, la princesse amazone reçoit une éducation humaniste qui servira de fondation à ses convictions. La jeune Amazone passe des nuits entières avec ses amies à regarder les étoiles, à la différence qu'elle fixe sa longue-vue sur l'horizon, s'interrogeant sur l'éventuel monde au-delà des côtes de son île. Diana rêve de servir une cause, de défendre les opprimés, ce qui est tout simplement impossible sur son île. Mais lorsqu'un concours est organisé par sa mère pour décider quelle Amazone ramènera Steve Trevor chez lui et les représentera dans le monde des Hommes, après avoir surmonté des épreuves plus dures les unes que les autres, Diana remporte le tournoi. Cette victoire est en réalité bien plus subtile qu'il n'y paraît puisqu'elle cache un réel sacrifice. Ce sacrifice implique de quitter Themyscira pour toujours, de renoncer à son immortalité, à ses proches, au confort de son quotidien. Diana ne choisit pas de suivre un homme qu'elle connaît à peine, comme il y paraît, mais elle fait le choix d'abandonner sa vie privilégiée pour se consacrer à une nouvelle dont elle ne sait absolument rien si ce n'est qu'elle y sera d'un grand secours. Elle n'a aucune idée du monde ou elle se rend, de la culture, des différentes langues et coutumes. Ce renoncement marque le début de la « carrière » de l'héroïne qui apprendra à s'adapter partout où elle va pour le bien commun.

Diana évite de penser aux conséquences négatives que peuvent engendrer ses sacrifices, au contraire, elle préfère concrétiser l'impact positif qu'elle peut avoir en œuvrant pour le bien commun. La notion de sacrifice est une notion capitale dans *Wonder Woman*, autant dans les comics que dans le film de Patty Jenkins dans lequel ils se succèdent. Attention, ce qui suit divulgâche la fin du film ! En s'envolant avec un stock de gaz mortel, fomenté par la redoutable Docteur Poison, et en y mettant le feu en plein vol, le major Trevor sacrifie sa vie pour sauver celle des autres. Ce sacrifice entraîne une réaction en chaîne, celui du sacrifice amoureux, qui donnera moulte force à Diana pour achever le dieu de la guerre et rétablir la paix.

Évidemment, il existe différents types de sacrifices, dont beaucoup peuvent s'effectuer au quotidien.

Et bien qu'ils puissent être intimidants, ces renoncements peuvent avoir une portée positive aussi personnelle que collective. Si la radicalité de Diana vous effraie, gardez en tête qu'il vous est possible d'y aller progressivement, par exemple réduire sa consommation de viande au rythme qui vous convient le mieux. Il n'y a pas de petits sacrifices, parole de végétarienne ! Vous pouvez également donner de votre temps à une association, à un ami ou un membre de votre famille dans le besoin. Pour les usagers des transports, « sacrifier » sa place devrait relever du bon sens et pourtant certains continuent, ouvertement parfois, de l'ignorer. Alors qu'il n'y a pas de moyen plus simple pour embellir le trajet d'un Francilien. Ces exemples vous paraissent peut-être insignifiants par rapport à ceux de Diana, mais pourtant la finalité est la même : penser aux autres. Agir pour les autres et donc aussi pour soi vous permettra de récolter une belle moisson de gratitude.

DIANA
EST ALTRUISTE

« I FIGHT FOR THOSE WHO CANNOT FIGHT FOR THEMSELVES[27]. »

27. « Je me bats pour ceux qui ne peuvent pas se défendre seuls. », *Wonder Woman*, film de Patty Jenkins, 2017.

Ses missions secrètes ancrées dans le contexte de la Seconde Guerre mondiale ne l'empêchent pas de se dévouer à d'autres causes toutes aussi nécessaires. Sous son costume patriotique, Diana cache un grand cœur anticapitaliste. Dans un épisode signé William Moulton Marston, on voit Diana s'indigner de la flambée des prix du lait, scandalisée par cette injustice qui prive les enfants et autres civils du précieux breuvage nécessaire à leur croissance. Suspectant une motivation purement cupide, elle se rend auprès des commerçants pour crier sa colère. Face au désarroi de ces derniers, Diana mène l'enquête et va remonter le filon de son ennemie jurée et symbole d'un capitalisme crasse, la baronne Paula Von Gunther. Cet acharnement paie et permet à l'héroïne populaire de restituer une certaine idée de l'ordre économique en redistribuant le lait aux personnes dans le besoin. Ses actions réclament un monde plus juste, pour tous ! Son militantisme peut paraître suranné aux lecteurs d'aujourd'hui mais elle le revendiquait haut et fort, « liberté et justice pour tous, sans distinction d'origine, de couleur ou de religion[28] ».

À travers tout ce que subit Diana Prince dans le cadre de son travail, à savoir sexisme, condescendance, harcèlement, l'alias de Wonder Woman permet de lever le voile sur les inégalités entre les genres et les salaires, l'invisibilisation des femmes en milieu professionnel et les injonctions concernant leur corps, leur rôle en tant que femmes...

---

28. Gardner Fox, *All Star Comics* (vol. 1) #22, (*A cure for the world*), 1944.

En dénonçant un certain nombre de pratiques banalisées, elle permet d'éveiller les consciences, celles des femmes constamment passées sous silence et enfermées dans la sphère privée, mais également celles des hommes qui, par un effet de miroir, peuvent reconnaître certaines attitudes illustrées sur papier glacé. On voit par exemple l'héroïne prendre parti dans la lutte interne qui déchire un grand magasin où M. Googins, patron cupide, exploite ses employées, en les rémunérant au lance-pierres et en les intimidant : « Ce n'est pas mon travail d'être juste, j'ai été embauché pour rapporter un maximum d'argent aux magasins Bullfinch[29] ! »

Diana va enquêter et s'aider des témoignages des employées pour remonter jusqu'à Gloria Bullfinch, planant dans les sphères moelleuses et dorées du haut patronat. Pour aider les salariées du magasin, Wonder Woman ne voit qu'une solution... donner une bonne leçon à la patronne ! Grâce à son lasso, elle hypnotise Gloria qui se prend désormais pour une vendeuse chez Bullfinch, et va donc se mettre à la place de ses employées pour comprendre la difficulté des conditions de travail. Sa leçon bien apprise, Gloria reprend la direction de son magasin, double les salaires, aménage les horaires, bref devient une cheffe modèle et juste !

Les luttes de Wonder Woman sont nombreuses et diversifiées ! Elle enchaîne combats contre les malfaisants,

---

29. *Sensation Comics* #8 (*Battle of the Bullfinch Store*), août 1942.

manifestations contre les inégalités salariales et défense des opprimés, rixe contre le capitalisme, aide d'urgence à la charge mentale, rééducation d'hommes violents… Dans ses luttes citoyennes, elle évite la violence gratuite et préfère les mener à grands coups d'éducation et de communication, avec la perspective d'une évolution positive. Elle ne se laisse jamais impressionner ni déconcentrer, toujours impatiente de tendre à nouveau la main.

DIANA
EST PACIFISTE

« DON'T KILL IF YOU CAN WOUND, DON'T WOUND IF YOU CAN SUBDUE, DON'T SUBDUE IF YOU CAN PACIFY, AND DON'T RAISE YOUR HAND AT ALL UNTIL YOU'VE FIRST EXTENDED IT[30]. »

30. « Ne tuez pas si vous pouvez blesser, ne blessez pas si vous pouvez maîtriser, ne soumettez pas si vous pouvez pacifier, et ne levez pas la main avant de l'avoir tendue », Gail Simone, *Wonder Woman* (vol. 3) #25 (*Personal effects*), 2008.

Malgré le fait qu'on la voit régulièrement édenter, castagner et dérouiller des méchants, Diana est loin de prêcher la violence et se rapprocherait davantage d'une disciple de Mahatma Ghandi et de son principe de non-violence. Elle préfère la communication, l'échange, la négociation, n'attaque qu'en dernier recours et ne prend aucun plaisir à maraver. Sa force physique est indéniable, redoutable et indéfectible, mais sa véritable force se trouve bien au-delà. « *Do not mistake a desire to avoid violence with an inability to deal with it*[31] », nous dit-elle. Par cette citation, elle traduit l'idée que ce n'est pas l'appétence pour la violence qui fait la victoire, mais plutôt les convictions. Elle cherche à rompre avec l'idée reçue qui conjugue pacifisme et faiblesse en tentant de prouver le contraire. Si on reprend la scène du *no man's land* du film de Patty Jenkins, on s'aperçoit qu'elle le traverse protégée derrière son bouclier et ses bracelets et qu'elle subit la violence destructrice d'Arès, sans pour autant répondre violemment. Elle ouvre un passage pour les soldats alliés et leur permet de gagner du terrain, alors qu'elle accède aux coulisses de la guerre, c'est-à-dire aux populations civiles pour qui elle éprouve une empathie et une compassion insondable, qui deviendront de véritables moteurs lors de ses combats. Selon elle, c'est l'amour qui, par opposition à la haine, sauvera le monde. Alors qu'Arès lui conjure d'abandonner les humains à leurs misères, elle refuse, en brandissant l'espoir que ces derniers fassent le choix de la paix. Elle encourage à mener des batailles justes, pour le

31. « Ne confondez pas l'envie d'éviter la violence avec l'incapacité d'y faire face. »

bien, pour la simple et bonne raison que c'est la meilleure chose à faire. Évidemment, cette idée transcende le champ guerrier du film pour s'appliquer au quotidien. Même si la petite voix de sa partenaire Etta Candy n'est jamais loin : « *Fight? We use our principles. Although I am not opposed to engaging in a bit of fisticuffs should the occasion rise*[32]. »

32. « Pour nous battre ? Nous utilisons nos principes. Bien que je ne sois pas opposée à me livrer à une distribution de coups de poings si l'occasion se présente. »

LA JOURNÉE DE WONDER WOMAN #1

Toute ressemblance avec celle de l'autrice serait fortuite.

5 h 00. Je peste contre cette foutue injonction du *miracle morning*, persuadée que je pourrai me lever après quelques minutes de sommeil en plus… et appuie sur la maudite touche « snooze ».

9 h 46. Premier échec de la journée : le réveil. Je ferai mieux demain, c'est certain. En dégustant un jus de chaussette qu'on finit par aimer et qu'on appelle « café » aux États-Unis, je regarde mon agenda bien rempli. À l'ordre du jour : poursuivre la destruction du patriarcat, faire des pancartes pour la manifestation contre le capitalisme, neutraliser un groupuscule néofasciste.

10 h 00. Entraînement entre Amazones, histoire de se préparer mentalement et physiquement à cette journée qui s'annonce riche en bourre-pif.

11 h 30. Je m'offre un brunch de warrior, remercie ma penderie minimaliste et enfile mon armure.

DIANA
N'EST PAS PARFAITE MAIS ELLE SE SOIGNE

« IT'S TIME TO ADMIT WE'RE NOT PERFECT. AND IT'S AN ADMISSION THAT I, FOR ONE, AM RELIEVED TO MAKE. BECAUSE OUT OF PERFECTION - NOTHING CAN BE MADE[33]. »

33. « Il est temps d'admettre que nous ne sommes pas parfaits. C'est un aveu que je suis soulagée de faire. Car de la perfection… rien ne peut être fait », Brian Azzarello, *Wonder Woman* (vol. 4) #31 (*This Monster's Gone Eleven*), 2014.

C'est la première à le dire, elle n'est pas parfaite, bien que cela puisse paraître impossible à concevoir pour nous, pauvres humains. La perfection, cet objectif inatteignable qui motive les plus *control freak* d'entre nous. Parfaitement subjective et un brin absurde, la perfection semble être un point à l'horizon, un repère, pour nous guider. Diana n'a que faire de la perfection, et je dois dire, également de l'imperfection. En effet, elle se trouve dans un juste milieu entre l'acceptation et l'humilité. Ses responsabilités colossales ne lui permettent pas toujours d'assurer sur tous les fronts et il lui arrive de faire des erreurs, parfois irréversibles. Dans l'épisode #219[34], Diana commet l'irréparable pour sauver Superman. Maxwell Lord contrôlait l'esprit du *Man of Steel* afin de prouver que les superhéros peuvent nuire aux populations civiles. Alors qu'elle enserre fermement Lord de son lasso de la vérité, elle lui demande comment arrêter la manipulation qu'il opère sur Superman. Contraint, il lui répond que seule sa mort peut y mettre un terme. Un craquement retentit. Consciente de la gravité de son geste, commis certes pour sauver des innocents, Diana se rend d'elle-même à la Cour pour y être jugée. Bon évidemment, c'est une héroïne de fiction, l'épisode #222 relate son procès à l'issue duquel elle sera finalement jugée non-coupable, par contumace, car la machine malfaisante de Maxwell Lord poursuit son activité destructrice. Diana commet des erreurs, les reconnaît et fait ce qui peut être fait pour rectifier le tir quand c'est possible. Elle nous montre que les superhéros ont également des failles,

---

34. Greg Rucka, *Wonder Woman* (vol. 2) #219, septembre 2005.

peuvent prendre de mauvaises décisions et en subir les conséquences. Dans un registre plus léger et j'espère plus familier, il arrive à Diana de donner de mauvais conseils, de faire des généralités, mais encore une fois, elle ne tarde jamais à comprendre l'absurdité de certains de ses propos. Diana nous montre qu'il est humain de commettre des erreurs, même si les siennes sont parfois ancrées dans une certaine gravité et qu'il est possible de se rédimer. Cette obsession de la perfection ne prend pas sur Diana car elle conscientise chacun de ses gestes et mesure avec abnégation le poids de leurs conséquences. Comme Diana, n'essayez pas de vous conformer à une norme. Prenez conscience de vos qualités et de vos défauts et utilisez les bonnes et les mauvaises expériences comme un tremplin pour atteindre cette version idéale de vous-même, parfaite selon vous et vous seul.

DIANA
N'A PAS PEUR DE LA RECONVERSION PROFESSIONNELLE

« IF THE SHOE DOESN'T FIT, MUST WE CHANGE THE FOOT[35]? »

35. Gloria Steinem, scénariste contemporaine sur les comics *Wonder Woman* :
« Si la chaussure ne convient pas, faut-il changer le pied ? »

Au gré des évolutions de l'histoire et des auteurs qui y contribuent, la carrière professionnelle de Wonder Woman, ou plutôt de son alias Diana Prince, n'a cessé d'évoluer.

En arrivant dans le « monde des hommes », sa seule solution pour rester près de Steve Trevor, alors en convalescence, était de s'improviser infirmière. C'est en croisant la route d'une infirmière lassée que Diana a pu acheter son identité et sa blouse blanche ! Elle se révèle être une infirmière remarquable et ses patients, surtout Steve, le remarquent. Une fois rétabli, ce dernier va reprendre du service auprès de l'intelligence militaire américaine. Diana force le destin et lui demande de l'aider à y trouver un emploi, c'est ainsi qu'elle fera la connaissance du colonel Darnell rapidement impressionné par ses capacités. Ce poste de secrétaire lui permet d'infiltrer différents canaux d'informations pour pouvoir aider, en tant que Wonder Woman, à déjouer les pièges criminels des nazis et de leurs sympathisants, tout en faisant semblant de taper des comptes rendus.

Pendant l'ère mod[36], dans les années 1960, le scénariste Dennis O'Neil décide de lui retirer ses pouvoirs et d'en faire une femme « comme les autres », une héroïne du quotidien. Elle ouvre alors sa propre boutique de vêtements où elle

36. L'ère mod (pour *modernist*) désigne une sous-culture apparue à Londres dans les années 50. Si elle englobe la musique, la danse ou encore l'hygiène de vie, son impact s'observe d'autant plus à travers le style vestimentaire des mods. Coupes cintrées, motifs bariolés, cheveux brushingués ou gominés sont de mise. La célèbre mannequin anglaise Twiggy en est une des plus illustre figure.

vend des tenues bigarrées aux motifs colorés rappelant les décors psychédéliques de son établissement. Elle semble s'y plaire mais sera vite rappelée par le devoir qui se manifeste en la personne d'I-Ching, expert en arts martiaux qui deviendra son ami et son mentor en lui enseignant toutes les subtilités du kung-fu. Mais au début des années 1970, cette réécriture du personnage sera abandonnée au profit d'un retour plus ou moins fidèle aux origines. Ce qui correspond avec la montée en grade de Diana qui travaille à présent aux Nations Unies en tant que traductrice. Elle ne cessera de gravir les échelons. Plus récemment, dans le film de Patty Jenkins, on aperçoit Diana marcher d'un pas déterminé entre les pyramides de Pei du musée du Louvre. L'Amazone travaille à la conservation et à la restauration des collections grecques antiques, logique !

Ces changements de carrière nous montrent à quel point l'héroïne est polyvalente. Même s'il est particulièrement difficile d'imaginer de telles opportunités de nos jours, il faut reconnaître qu'elle bénéficie de l'aide de son entourage et d'une bonne dose de chance. Elle nous fait miroiter qu'il est possible et même recommandé de se reconvertir professionnellement si votre métier ne vous apporte plus autant de satisfaction. Elle ne dit pas que c'est facile, juste que c'est possible et que ça se réfléchit !

DIANA
EST AMBITIEUSE

« IF YOU NEED TO STOP AN ASTEROID, YOU CALL SUPERMAN. IF YOU NEED TO SOLVE A MYSTERY, YOU CALL BATMAN. BUT IF YOU NEED TO END A WAR, YOU CALL WONDER WOMAN[37]. »

37. « Si vous devez arrêter un astéroïde, vous appelez Superman. Si vous devez résoudre un mystère, vous appelez Batman. Mais si vous devez mettre fin à une guerre, vous appelez Wonder Woman », Gail Simone, scénariste contemporaine sur les comics *Wonder Woman*.

Pour son créateur, William Moulton Marston, il ne faisait aucun doute que Wonder Woman incarnait les femmes qui, grâce à leur amour, leur compassion et leur sens de la justice, allaient régner sur le monde. Des décennies plus tard, nous sommes encore bien loin du compte et, sans revendiquer une prise de pouvoir absolue, luttons toujours pour l'égalité, la parité, pour exister autrement que par la sphère privée, vivre librement…

Voilà de quoi écrabouiller la naïveté teintée de commisération de Tonton Marston.

Il faut cependant lui reconnaître un certain courage d'avoir profité de son statut d'homme pour aborder des sujets habituellement tus dans d'autres publications. Dans un de ses numéros, il illustre les débuts de la carrière politique de Wonder Woman[38] ! Rappelons tout de même que les femmes états-uniennes obtiennent le droit de vote en 1919. Celles issues des minorités devront, elles, attendre le Voting Rights Act de 1965…

De passage sur l'île de Themyscira, Diana, en uniforme de travail, et Hippolyte, s'amusent à voir de quoi le futur sera fait grâce à leur machine à voyager dans le temps. Pour être exacte, elles commencent par regarder à quoi ressemblera la tenue de la secrétaire du futur. Au-delà du mauvais goût pérenne des stylistes d'uniformes, le futur prédit quelque chose d'au moins aussi excitant qu'une robe jaune ceinturée avec un décolleté en goutte : l'élection de Diana à la présidence des États-Unis en… l'an 3004 !

38. *Wonder Woman #7*, hiver 1943.

C'est beau cette foi inébranlable en les femmes, non ?

Grâce à une vitamine spéciale, Diana Prince traverse les siècles pour travailler aux côtés de madame la présidente recevant le sénateur Heeman dans son bureau. Ce dernier la met en garde : « Les hommes de ce pays en ont assez de l'oppression des femmes ! Le parti mondial des hommes exige des droits ! »

Diana parvient à mater les révoltes et protéger la présidente. Mais les élections de l'année 3004 prennent un autre cours. L'élection de Steve Trevor, membre du Man's party, qui doit « insuffler de la force au sein du gouvernement », est pressentie. Diana, suspectant une fraude, se présente contre lui.

Le bien nommé professeur Manly truque l'élection, élevant son poulain Steve aux plus hautes sphères du pouvoir... Steve découvre la supercherie et tente d'alerter les autorités avant d'être jeté en prison par Manly qui, en toute modestie, prend la place de ce dernier.

Wonder Woman sauve Steve ET parvient à prouver que l'élection a été truquée par un cerveau misogyne. Elle rend possible l'élection de Diana Prince relatée dans une des scènes finales : « Et Diana Prince, après tant d'années de bons et loyaux services, détient les clés de l'office suprême. »

L'intérêt de cet épisode, au-delà du fait qu'il laisse entrevoir la possibilité, dans un trop lointain futur certes, d'une femme dans le bureau ovale, est qu'il représente l'évolution d'une citoyenne honnête, modeste, capable, fidèle à sa mission. Diana Prince accède aux plus hautes fonctions dans la légalité, contrairement à ses confrères masculins. Si derrière Diana Prince se cache Wonder Woman, c'est néanmoins la récompense de son alias qui marque les consciences car elle n'a pas eu besoin de pouvoirs surhumains pour parvenir à ces sommets. De plus, elle nous montre que l'ambition, et notamment l'ambition professionnelle, n'est absolument pas réservée aux hommes. Cette élection fictionnelle ne fera pas l'unanimité auprès de la critique, notamment auprès de Frédéric Wertham, pour qui l'idée de voir une femme accéder aux hautes sphères du pouvoir et de la politique est inconcevable, irresponsable et scandaleux ! Celui pour qui cette inversion du rôle des genres ne peut être que le fruit d'un complot pervers fomenté par des lesbiennes enragées invoquant Lilith les soirs de pleine lune en trinquant avec le sang des hommes fraîchement émasculés ! Je m'égare, j'aurais pu m'arrêter aux vrais propos de Wertham, c'est-à-dire aux lesbiennes caractérisées par leur haine des hommes... Mais est-ce les haïr que de ne pas être attirée par eux ? On me dit dans l'oreillette que non. Eh oui, le féminisme, comme l'homosexualité, représente, particulièrement à cette époque, une menace redoutée par les différentes strates du patriarcat, amplifiée par la paranoïa du maccarthysme s'attaquant à n'importe quelle forme d'émancipation, qu'elle soit sexuelle ou économique, perçue comme une manifestation sournoise d'un communisme latent.

DIANA
N'A PAS SA LANGUE DANS SA POCHE

« I AM DONE BEING CAREFUL. I AM DONE BEING QUIET. LET THEM SEE ME ANGRY. LET THEM HEAR ME WAIL AT THE TOP OF MY LUNGS[39]. »

39. « J'en ai assez d'être prudente. J'en ai assez de me taire. Qu'ils me voient en colère. Qu'ils m'entendent crier à plein poumons », Leigh Bardugo, *Wonder Woman: Warbringer*, DC Icons Series, 2017.

Diana ne se laisse pas faire. Elle a une voix et croyez-moi qu'elle sait s'en servir. Rabrouer les cons, sermonner les goujats, deviser avec ses ennemis, crier ses droits, ça fait du bruit. Elle jouit également d'un certain sens de la formule qui ne gâche rien.

Si la docilité silencieuse sied davantage à l'époque qui a vu naître notre héroïne et dans laquelle elle évolue, ce n'est pas le genre de Diana de s'y soumettre. Steve est fou amoureux de Wonder Woman qui lui sauve régulièrement la vie, ce qui, pour lui, est une preuve formelle et irrévocable de son amour pour lui et non une démonstration de son altruisme inné et de sa mission de protéger les opprimés. En soi, il n'a pas vraiment tort, Wonder Woman éprouve des sentiments pour Steve, parfois amoureux, parfois amicaux, parfois un peu tout en même temps, mais ce n'est pas aussi simple pour l'Amazone qui reste parfois de marbre face aux tentatives de Steve et qui le lui fait comprendre à sa manière, avec gouaille et panache. Diana ne manque jamais de répartie et ne perd jamais une occasion de se délester d'un commentaire. Soyons sévères mais justes, Steve n'a rien compris à la séduction, encore moins à l'égard de Wonder Woman. Il flambe, cherche à l'impressionner, pense qu'une décoration militaire lui fera gagner l'affection de l'Amazone. Non...

Elle lui fait comprendre à plusieurs reprises que sa méthode n'est pas la bonne, parce qu'elle est lourde et maladroite. « Tu ne séduiras jamais une Amazone de cette façon. Essaye ta méthode d'homme des cavernes sur les femmes du monde des hommes ! » lui lance-t-elle en le repoussant de la main. Le personnage de Steve nous apprend que la meilleure stratégie est sûrement celle du respect, de l'écoute. Quand c'est non, c'est non. Steve semble refuser l'idée que Wonder Woman lui dise non, à plusieurs reprises, très clairement, ce qui en fait par moments un personnage hautement caricatural enroulé dans sa masculinité toxique d'homme dominant. Évidemment, le franc parler de Diana ne se limite pas à la sphère amoureuse, elle se permet tout autant de franchise avec le tout-venant.

Dans un épisode[40], Diana vient en aide à la vraie Diana Prince en lui permettant d'échanger momentanément leurs vies, cette dernière ayant soif d'indépendance. Notre héroïne se rend au domicile du couple comme si de rien n'était, mais comprend vite pourquoi la jeune femme l'avait précédemment quitté. Notre Amazone *in disguise* se retrouve face à un homme pas totalement raccord avec le concept de libre arbitre, qui console sa virilité blessée par la tentative d'émancipation de sa femme (la « vraie » Diana Prince, vous suivez ?) en attachant celle qu'il pense être la fautive. Cela ne manque pas de susciter l'humour de Diana qui lui envoie :

« Comme c'est excitant ! M'enchaîner à la cuisinière… Quelle belle idée d'homme des cavernes ! »

---

40. Harry G. Peter, *Sensation Comics* (vol. 1) #9 (*The Return of Diana Prince*), 1942.

Hors de question de se laisser faire et de louper une occasion d'ironiser sur l'absurdité d'une situation. Diana nous le montre, l'honnêteté et le franc-parler sont des valeurs sûres et, bien qu'ils demandent une certaine habilité pour les manier avec subtilité, cela reste accessible à tous. Une chose est sûre, les punchlines piquantes teintées d'humour de Wonder Woman peuvent inspirer nos réponses, notamment à l'endroit des harceleurs de rue. D'ailleurs : « J'peux pas, je dois combattre l'injustice ! »

DIANA
FAIT PREUVE D'EMPATHIE, MÊME ENVERS SES ENNEMI.E.S

« I AM ONLY YOUR ENEMY IF YOU TREAT ME AS SUCH[41]. »

« EMPATHY IS THE MOST RADICAL OF HUMAN EMOTIONS[42]. »

41. « Je suis ton ennemie seulement si tu me traites de la sorte. », Greg Rucka, *Wonder Woman: Rebirth* (vol. 5) #1 (*The Lies: Part one*), 2016.

42. « L'empathie est la plus brute des émotions humaines », Gloria Steinem.

La docteure Barbara Ann Minerva, anthropologue, archéologue spécialiste des mondes anciens, et notamment celui des Amazones, devient une grande amie de Diana dès son arrivée dans le monde des hommes. Elles se comprennent parfaitement et partagent les mêmes intérêts pour l'histoire antique et la préservation du patrimoine culturel des Amazones. On lui découvre une enfance aisée, mais brimée par un père cruel et réfractaire aux intérêts pour la mythologie grecque de sa fille. L'enfant maîtrise déjà plusieurs langues. Chercheuse dans l'âme, sa carrière débute sur un chantier en Ukraine[43], sur les traces des Amazones. Le personnage de Minerva est un personnage féminin important. Elle incarne une femme brillante, déterminée, indépendante, téméraire. Ses convictions scientifiques la mènent aux quatre coins du globe, elle enquête et voyage seule. Elle se rebelle contre le sexisme bien établi dans les disciplines scientifiques et refuse de se faire expliquer la vie par des chercheurs frileux et défaitistes, qu'elle oublie en buvant comme un trou.

Cette dévotion à sa carrière et à ses recherches va s'avérer dangereuse. En effet, la scientifique, perdue dans sa quête d'immortalité, du savoir absolu et par un procédé qui diffère radicalement d'un scénario à l'autre mais qui implique souvent de la magie noire et de la violence, va devenir la pire ennemie de Wonder Woman : Cheetah, mi-humaine, mi-guépard.

---

43. Au nord de la mer Noire et de la mer Caspienne, des fouilles archéologiques menées depuis le début des années 2000 ont mis en lumière des sépultures féminines dans lesquelles se trouvaient différents types d'armes. Ce qui vient confirmer les thèses de l'historien Laroslav Lebedynsksy, pour qui ces femmes guerrières ont pu inspirer ou du moins étoffer le mythe fécond des Amazones.

ÉCOUTEZ-LA RUGIR…

Cheetah sera incarnée par trois personnages féminins différents. La première, créée par William Moulton Marston en 1943, n'est autre que Priscilla Rich, jeune fille de bonne famille. Cet archétype de réussite à l'américaine, c'est-à-dire riche et jolie, souffre malgré tout de nombreuses insécurités et d'un complexe d'infériorité. Alors qu'elle grimpait sur l'échelle mondaine pendant une soirée de gala, Priscilla Rich se fait voler la vedette par une femme en slip bleu étoilé, Wonder Woman ! Priscilla est abandonnée par ses amies qui préfèrent suivre Wonder Woman. . Devant son miroir, la jeune femme éructe contre l'Amazone. Mais son reflet, elle-même en félin tacheté, lui ordonne juste après de se saisir de sa descente de lit léopard pour un DIY spécial costume de super-méchante !

En plus de remettre aux goûts du jour l'imprimé léopard, Cheetah dispose de pouvoirs plus concrets, tels que la rapidité, l'agilité et la force de son animal totem. Dans un autre épisode, en se rendant sur Paradise Island, Cheetah subtilise la ceinture de puissance de la reine des Amazones et la kidnappe, suscitant l'ire de Wonder Woman, sa fille. Après ce combat acharné, Wonder Woman parvient à arracher la ceinture des hanches de Cheetah qui de rage envoie un rocher à faire pâlir Sisyphe sur la reine, sauvée de peu par la rapidité et la force de sa fille. En capturant la femme-guépard, Wonder Woman découvre son identité, Priscilla Rich et, *plot twist*, cette dernière confesse ses troubles de l'identité. La puissance de Wonder Woman se trouve aussi dans la façon dont elle traite ses ennemis, avec beaucoup de respect, là où d'autres auraient pris un malin plaisir à les humilier quitte à perdre leur humanité, elle choisit au contraire l'empathie et se fait l'avocate du droit à la seconde chance... En effet, touchée par la confession de Cheetah, Wonder Woman l'accompagne sur Reform Island, rien à voir avec une terre où les pires réformes sont adoptées, non, ici le concept est plus proche d'une aide à la réinsertion pour personnes en sortie de route. Diana ne rechigne pas à reconnaître l'efficacité toute relative de ses tentatives, mais là encore préfère persévérer à la façon de Samuel Beckett qui disait : « *Ever tried. Ever failed. No matter. Try again. Fail again. Fail better*[44]. »

---

44. « Déjà essayé. Déjà échoué. Peu importe. Essaie encore. Échoue encore. Échoue mieux. »

Diana, déterminée à faire éclore ce qu'il y a de meilleur chez ses ennemies, poursuit sa tentative auprès du Docteur Poison[45], dont les inventions, telles que le « gaz reverso[46] », mettent en danger l'humanité. Une fois démasquée, Diana emmène le Docteur Poison sur l'île annexe de Themyscira dans l'optique qu'elle se repente, en vain car, aidée de la multirécidiviste Cheetah, elles organisent une vaste mutinerie qui leur permet de s'évader...

Diana est persuadée que le bien réside en chacun des êtres qu'elle croise, même si cela frise parfois la folie pure. Les ennemis de Diana, souvent des femmes au passé douloureux, souffrant de troubles psychologiques, agissent par vengeance, par dépit, mais pas réellement par conviction. Diana ne se démonte jamais, malgré les nombreuses trahisons de Cheetah et du Docteur Poison. Elle nous invite encore une fois à ne pas baisser les bras, surtout quand il s'agit d'une personne dont les actions cachent un véritable appel au secours.

La citation au début du chapitre nous le confirme, Wonder Woman croit en la justice, celle rendue avec

---

45. Le personnage apparaît pour la première fois dans les comics de Wonder Woman en février 1942. Elle est incarnée par l'actrice Elena Anaya dans le film de Patty Jenkins, le docteur Isabel Maru cache la béance de son visage avec un masque évoquant ceux qui offriront une nouvelle dignité aux « gueules cassées » de la Grande Guerre. Son personnage, une scientifique diaboliquement brillante alliée du Général Ludendorff, assoiffé de victoire, crée un gaz toxique pour anéantir les ennemis de l'Allemagne.

46. Ce gaz inverse le comportement de ceux qui l'inhalent, ce qui peut donc créer des dégâts s'il est par exemple utilisé sur les soldats de l'armée américaine. Parce qu'en soi tout dépend du public visé par le produit, et oui, il pourrait par exemple transformer les manifestants de la Manif pour Tous en militants activistes pour les droits des LGBTQI+ !

sagesse. Elle croit à la seconde chance et voit en les mauvaises actions perpétrées par les humains une manifestation de faiblesse et de vulnérabilité attisée par les paroles manipulatrices du dieu de la guerre semant le chaos. Souvent, ses ennemies agissent sous la contrainte, elles sont devenues machiavéliques par défaut et, en les combattant, Wonder Woman cherche à ranimer leur humanité. Elle veut garder espoir, être de celles qui tendent la main plutôt que de celles qui s'abandonnent à la souffrance et au mal.

DIANA
EST INSOUMISE

« IF YOU LET YOUR MEN BIND YOU... LET YOURSELF BE BOUND BY WAR, HATE, GREED, AND LUST FOR POWER! THINK! AND FREE YOURSELVES! CONTROL THOSE WHO WOULD OPPRESS OTHERS. YOU CAN DO IT[47]. »

---

47. « Si vous laissez les hommes vous contrôler... vous vous laissez contrôler par la guerre, la haine, la cupidité et la soif de pouvoir ! Réfléchissez ! Et libérez-vous ! Contrôlez ceux qui oppriment les autres. Vous pouvez le faire ! », Harry G. Peter, *Wonder Woman* (vol.1) #7 (*The Adventure of the Life Vitamin*), 1943.

L'insoumission coule dans les veines de Diana, comme dans celles de toutes les Amazones. Elles la tiennent des déesses qu'elles vénèrent : « *Aphrodite forbids us Amazons to let any man dominate us. We are our own masters*[48]. » À chaque épisode ou presque, l'héroïne et ses alliées se retrouvent saucissonnées, liées, enchaînées, bâillonnées, coulées dans du béton…

Si on peut y voir une projection de fantasmes de la part de Marston qui, dans son trouple[49], pratique le bondage, il insiste surtout sur ce que représente la métaphore du lien, de la contrainte. Marston défend que les comics incarnent un moyen efficace pour susciter des sentiments et pour transmettre, inculquer des valeurs à un public aussi varié que large. Donc si Diana se retrouve attachée, c'est pour représenter l'oppression physique, sociale et morale faite aux femmes. Lorsque Diana brise ses chaînes grâce à sa force et sa détermination, elle montre que cela est possible pour une femme. Cette détermination lui permet de surpasser toutes formes d'oppression et surtout celle des hommes. Diana incarne l'affranchissement des femmes, leur indépendance par rapport aux hommes et aux injonctions de la société. Les chaînes et autres liens, incarneraient, en plus de l'oppression sur le corps, la matérialisation des peurs intérieures, des insécurités qui aliènent et empêchent les femmes (mais ça marche aussi pour n'importe quel être humain) d'être la meilleure

---

48. « Aphrodite nous interdit, à nous les Amazones, de nous laisser dominer par les hommes. Nous sommes nos propres maîtres », William Moulton Marston, *Comic Cavalcade* #8, (*The Amazon bride*), 1944.

49. Relation amoureuse regroupant trois partenaires.

version d'elles-mêmes. Par ces gestes puissants, Diana les incite à s'affirmer et à prendre conscience du pouvoir qui leur est dû.

Les chaînes hautement symboliques de Diana peuvent prendre des apparences différentes selon chaque personne et apprendre à s'en défaire n'est pas simple. Cela nécessite parfois plusieurs étapes, un véritable travail sur soi que l'on peut réaliser seul ou avec une aide extérieure. Identifiez ce qui vous oppresse pour mieux vous en détacher le moment venu. Le regard des autres, les injonctions sont des brides que vous arriverez à lâcher en vous entraînant et en acceptant l'idée qu'elles peuvent réapparaître dans les moments de crises.

LE BONDAGE

En tout cas pour ce qui est de la pratique du bondage, cette fois dans le cadre de pratiques sexuelles, les comics ne nous permettent pas de déduire qui Wonder Woman bâillonne, saucissonne et soumet dans son intimité. Mais on peut deviner (ou espérer) qu'elle le fait avec bienveillance et respect des règles. Au commencement était la parole : discuter, se mettre d'accord sur les pratiques me semble être une bonne base de travail. Qui domine qui, comment, avec quelle intensité ? Si vous voulez jouer les puristes, choisissez avec votre ou vos partenaires un *safeword*, c'est-à-dire un genre de mot de passe qui indique que vous êtes sur le point de dépasser votre limite, soyez créatifs ! Mais évitez les noms de personnages politiques, c'est drôle sur le moment et après on regrette. Pour vous y mettre, restez minimalistes, pas besoin d'investir dans du matériel particulièrement élaboré, prenez ce que vous avez à disposition : lasso de vérité, cravate du patronat, l'écharpe rouge d'une personnalité politique, spatule… À vous d'érotiser tout cela, ou pas.

DIANA
NE RECULE DEVANT AUCUN DÉFI

« HAVING POWER AND KNOWING HOW TO USE IT AREN'T THE SAME THING[50]. »

50. « Avoir du pouvoir et savoir comment s'en servir, ce n'est pas la même chose », Tab Murphy, *Superman/Batman: Apocalypse*, film, 2010.

À la fin des années 1960, DC Comics peine à vendre ses exemplaires de Superman, Batman et Wonder Woman et entame une quête vers l'innovation qui passe par un changement drastique, et dans le cas de Wonder Woman un virage à 180 degrés. Le nouveau trio de choc choisi pour reprendre la suite des aventures de Diana est composé de l'écrivain Dennis O'Neil, du crayonneur Mike Sekowsky, familier du personnage qu'il dessinait notamment pour la série *Justice League*, et de l'encreur Dick Giordano. Il va tout changer, sauf le prénom de l'héroïne. Je vous dresse le tableau : le nouveau numéro[51] est déballé et installé en kiosque, on se rue sur les étalages pour constater les premiers changements. Sur un fond psychédélique vert, on observe une femme aux cheveux domptés dans un brushing à la Farah Fosset, vêtue d'une robe trapèze violette et de cuissardes en vinyle noir, tenant à la main un pot de peinture bleue. À l'arrière-plan, on remarque les figures de Wonder Woman dans son costume iconique et Diana Prince dans son tailleur, toutes les deux balafrées d'une croix faite à la peinture bleue. Enfin on peut lire « *Forget the old, the new Wonder Woman is here*[52]*!* »

Pour Mike Sekowsky, il est très difficile pour un garçon ou une fille de s'identifier à Wonder Woman tant l'histoire et les protagonistes sont éloignés de leurs quotidiens. « Pour moi, il semblait que les filles voulaient lire les aventures d'une superhéroïne ancrée dans la réalité, quelque chose d'actuel. »

---

51. *Wonder Woman* #178, septembre-octobre 1968.

52. « Oubliez l'ancienne, la nouvelle Wonder Woman est là ! »

Alors que Paradise Island est contraint de quitter la Terre pour une dimension parallèle afin d'échapper à de potentielles attaques, Diana refuse d'accompagner ses sœurs amazones. En choisissant de rester, elle est contrainte, et ce n'est pourtant pas dans ses habitudes, de renoncer à ses pouvoirs, ce qui change sa condition car elle n'est plus une déité mais une humaine tout ce qu'il y a de plus mortel. Débrouillarde (et dans un contexte de plein emploi...), Diana ne tarde pas à traverser la rue pour faire face à ses nouvelles responsabilités plus... prosaïques et s'empresse de retrouver du travail ainsi qu'un appartement. Elle ouvre un magasin de vêtements dans le Lower East Side de Manhattan. Diana va croiser la route d'I-Ching[53], un vieil homme aveugle, dernier survivant d'un culte secret expert en arts martiaux, dont les membres ont été assassinés par Docteur Cyber, une ennemie jurée de Wonder Woman. Avide de connaissances, Diana apprend grâce à I-Ching les arcanes des arts-martiaux et du maniement des armes en se heurtant à de nombreux échecs. Mais c'était sans compter sur son acharnement qui va la pousser à maîtriser ces disciplines en quelques mois d'entraînements impitoyables, autrement dit, en un temps record. À force de ténacité et d'entêtement, Diana atteint des sommets et déjoue les pièges des esprits les plus tordus. Avec l'aide d'I-Ching et de ses paraboles de sagesses, Diana nous enjoint de ne pas se laisser envahir par de quelconques

53. Le personnage d'I-Ching, bien que très caricatural et perçu comme un stéréotype orientalisant comme la plupart des minorités dans les comics – qui témoignent du manque de prise de conscience des auteurs face aux questions de diversités – se révèle être néanmoins un personnage cohérent, travaillé, singulier et relevant le charisme de la série.

appréhensions qui feront barrières aux objectifs que l'on se fixe. La persévérance est une valeur importante, ici enseignée à travers des entraînements éreintants physiquement et mentalement. Mais cette persévérance peut également s'accompagner d'un moment de faiblesse, ou plutôt de recul, qui permet de mieux visualiser le chemin vers le but à atteindre, reculer pour mieux sauter, en somme.

Diana nous montre ici sa soif insatiable d'apprendre, qu'elle mêle à un sens aiguisé du challenge. Se fixer des objectifs, relever des défis est grisant, surtout quand cela s'inscrit dans une logique d'émulation personnelle, d'épanouissement. Ne soyez pas trop impatients et laissez-vous le temps de vous imprégner, de vous tromper, de pratiquer, et délectez-vous de toutes les petites victoires qui vous rapprochent chaque fois un peu plus de la grande.

RENDEZ-NOUS DIANA !

Le duo ne remporte que peu de succès auprès du public et suscite l'indignation des féministes qui voient la perte des pouvoirs de Diana comme une matérialisation directe de « depowerment » des femmes. Dans le numéro de la revue *Ms.*, la journaliste Joanne Edgar dénonce les récents changements du personnage qu'elle impute à un complot masculiniste, elle écrit : « Au lieu de prouver sa supériorité aux hommes, elle est devenue soumise. Elle a abandonné ses bracelets, son lasso magique et son avion invisible pour devenir humaine. »

DIANA
A CONFIANCE EN ELLE

« YOU SEE, GIRLS, THERE'S NOTHING TO IT - ALL YOU HAVE TO DO IS HAVE CONFIDENCE IN YOUR OWN STRENGTH[54]! »

54. « Vous voyez les filles, ce n'est rien ! Il suffit juste d'avoir confiance en sa force ! », Harry G. Peter, *Wonder Woman* (vol. 1), #3 (*A Spy on Paradise Island*), 1943.

Lors d'une conférence TED (Technology, Entertainment, Design), la psychologue Amy Cuddy[55] évoquait l'influence que peut avoir la posture sur le comportement. Selon elle, quand quelqu'un adopte une posture ouverte, elle fait montre de confiance en elle. Mais selon ses recherches, il est difficile de voir la différence entre une personne qui a réellement confiance en elle et qui l'exprime par sa posture et, au contraire, une personne qui fait semblant. Alors, quand Wonder Woman, interprétée par exemple par Lynda Carter, pose ses poings sur ses hanches et bombe le torse avant de bondir sur un ennemi potentiel, elle ancre sa confiance en elle, ou du moins, elle le prétend. Et cette théorie sur la posture résonne particulièrement dans l'oreille du mollusque pétri de stress et de fatigue que je suis alors que je termine ce livre...

Évidemment, tout n'est pas une question de posture, mais il faut reconnaître que cela y contribue. Wonder Woman nous apparaît confiante, sûre d'elle, bien dans ses bottes, ce qui n'est pas toujours le cas de son alias, Diana Prince qui, pour préserver son identité secrète, fait profil bas et s'excuse presque d'exister.

On peut tout d'abord attribuer cette confiance en elle légendaire à ses origines. Avant d'être Diana Prince, notre héroïne est avant tout Diana de Themyscira, princesse des Amazones, fille de leur reine, Hippolyte, rien que ça. Elle est biberonnée à l'attention, aux encouragements et à l'amour, donc forcément, ça aide. Très tôt, elle apprend à combattre et donc à se défendre, ce qui est un symbole

55. À retrouver sur le site ted.com.

suffisamment fort pour être souligné. Elle réussit tout ce qu'elle entreprend, a accès à tous les enseignements qui feront d'elle une personne encore meilleure. Ces éléments nous le confirment, a priori elle barbotte dans un bain de confiance et de sérénité. Cela évolue quand elle foule le sol du Patriarkistan, j'ai nommé les États-Unis. Souvent, elle éprouve de l'incompréhension face à la violence dont font preuve certains de ses ennemis, surtout quand elle gagne les hommes et les femmes. C'est le cas dans le film de Patty Jenkins où on voit très clairement Wonder Woman douter non pas de ses capacités, mais de leur intérêt dans un conflit mondial qui la dépasse, écœurée par la couardise de certains. Ce qui ne l'empêche pas de prendre les choses en main et, contre l'avis de tous, de se lancer dans cette traversée épique du *no man's land*.

Ce sont des images fortes qui permettent, je l'espère, au plus grand nombre de femmes de s'identifier. Ce manque de représentation des femmes qui investissent des domaines autrefois synonymes de l'hégémonie masculine n'a fait qu'empêcher l'identification, simplement car elle n'était pas envisageable, au vu de la rareté de ces images. « *If you can't see her, you can't be her*[56]. » C'est d'ailleurs pour cela que l'on a vu poindre le phénomène du « masculin neutre », c'est-à-dire la contrainte de s'identifier à des personnages caractérisés comme masculins quand on est une femme.

56. Citation de la présidente de BBC America, Sarah Barnett : « Si vous ne la voyez pas, vous ne pouvez pas l'incarner. »

Wonder Woman nous dit qu'il faut croire en ses capacités, croire en sa force, être maître.esse de notre corps, en bref, être « *the man who can*[57] » !

Évidemment, on n'a pas tous et toutes eu la chance de naître sur une île paradisiaque où règnent bienveillance, acceptation de soi et amour, où les jugements de valeurs ont la vie dure, où le regard des autres n'exprime rien d'autre que de l'admiration, où les étiquettes ne collent pas, où tous les jours l'occasion vous est donnée d'être la personne que vous aspirez à devenir. Il n'empêche qu'on peut atteindre un niveau de confiance suffisant pour avancer. Pour certains c'est une évidence, d'autres un combat. Si pour Pat Benatar l'amour est un champ de bataille alors on peut ajouter que le chemin vers la confiance en soi est un *no man's land* truffé de projectiles tels que : pression sociale, jugement, regard des autres, échecs, déceptions et autres insécurités, qu'il vous faudra repousser avec ce que vous avez.

57. « Je suis l'homme qui peut », *Wonder Woman*, film de Patty Jenkins, scénario d'Allan Heinberg, 2017.

DIANA
N'EST PAS NÉE DE LA DERNIÈRE PLUIE

« I'M THE MAN WHO CAN[58]. »

58. « Je suis l'homme qui peut. », *Wonder Woman*, film de 2017.

Certes, elle vient de loin, d'une contrée isolée de toute influence occidentale venant d'un monde dont elle suspecte à peine l'existence et pourtant, son éducation, sa culture dite « classique » constituée de textes antiques, de légendes, de batailles, lui permettra d'affronter le *patriarch's world* en toute sérénité. On ne la lui fait pas à Diana. Dans l'adaptation de Patty Jenkins, quand l'héroïne décide de quitter Themicsyra pour combattre Arès aux côtés de Steve, les deux personnages se découvrent sur le pont du bateau fendant les eaux vers Londres. Alors que la discussion navigue de banalités en banalités, le sujet des plaisirs de la chair débarque. Diana contre les éventuelles insinuations de Steve en brandissant une lecture fondatrice selon elle à ce sujet, celle des douze volumes du *Traité des plaisirs de la chair* de Clio. Elle en fait un résumé à Steve et conclut en ajoutant que les hommes sont certes nécessaires à la procréation mais pas quand il est question de plaisir. En faisant cela, Diana fauche les préjugés de Steve qui la voyait comme une néophyte absolue. Diana tient à montrer qu'elle sait, qu'elle peut, qu'elle veut. À l'inverse, elle n'a aucun problème à reconnaître son ignorance, quand elle se trompe, car la seule réaction appropriée pour elle dans ces circonstances est la bienveillance. Une des critiques faites au personnage dans son adaptation sur le grand écran concernait sa naïveté. Tout au long du film, Diana lutte pour comprendre la nature du bien et du mal et les effets qu'ils peuvent avoir sur l'humanité. Enfant, sa mère lui contait l'histoire de la création des humains, conçus pour être bons mais rapidement corrompus par le dieu de la guerre, Arès. Pour Diana, la Première Guerre mondiale est l'œuvre de ce dernier, ainsi, selon sa logique, le tuer devrait mettre un terme au conflit et ramener la paix sur Terre. Si elle n'a pas complètement tort, il lui manque la connaissance de l'histoire humaine qui pourrait lui prouver que l'humain s'auto-pervertit très bien depuis la nuit des temps et s'en va-t'en guerre comme un grand.

Diana a soif d'apprendre, de vivre des expériences qui forgeront davantage sa culture et l'être assurément bon qu'elle incarne. De mon point de vue, mieux vaut parfois être candide que désenchanté.

LA JOURNÉE DE WONDER WOMAN #2

12 h 30–17 h 00. Boulot boulot ! Je vole d'une mission à l'autre avec mon thermos de café pour tenir.

17 h 30. Interview pour une chaîne d'info continue, eh oui, les nouvelles vont vite. Les exploits de ma journée ? Ma source d'inspiration quotidienne ? Non. Je vais donc ignorer les questions futiles sur la marque de mon shampoing et sur ma tenue, me lever et me barrer. Est-ce qu'on lui demande la marque de ses slips à Superman ?

18 h 02. Pianoter ses comptes rendus de mission.

18 h 05. Je suis aussi secrétaire, je vous rappelle.

DIANA
EST MILITANTE

« ALL HUMAN BEINGS DESERVE TO LIVE ON THIS PLANET WITHOUT THREAT OF VIOLATION, PHYSICAL OR SPIRITUAL, SIMPLY BECAUSE OF THE BODY THEY WERE BORN IN, THE GENDER THEY WERE BORN TO, OR THE REGION IN WHICH THEY LIVE[59]. »

---

59. « Tous les êtres humains méritent de vivre sur cette planète sans menace d'agression, physique ou spirituelle, faites en fonction du corps dans lequel ils sont nés, au genre dans lequel ils sont nés ou de la région dans laquelle ils vivent », Phil Jimenez et Joe Kelly, *Wonder Woman* (vol. 2) #170, (*She's a Wonder!*), 2001.

Diana représente une icône à bien des égards, de courage, de force, d'intelligence et de bonté. Mais c'est également une figure féministe. Elle apparaît au début des années 1940, à une époque où les superhéros sont exclusivement masculins, en témoignent leurs noms : Batman, Superman, etc.

Cette hégémonie masculine est bousculée par l'arrivée de Wonder Woman, qui, grâce à sa force et son humanité, va restaurer la paix entre les peuples. À travers ses aventures, elle enjoint les femmes à déclarer leur indépendance et les hommes à les mettre sur un pied d'égalité. Elles doivent prendre conscience de leur force au moment où elles participent courageusement à l'effort de guerre, encouragées par le « *We can do it* » de Suzie the Riveter, qui montre l'exemple. Diana devient au fil des années un modèle et se retrouve notamment en couverture de la revue de Gloria Steinem, *Ms.*, en juillet 1972, réclamant la présidence de l'héroïne.

À travers les différentes adaptations, Diana se dévoile de plus en plus engagée. Dans un épisode se déroulant dans un strip club, Artémis s'indigne du comportement outrageux des hommes sur les travailleuses de l'établissement. Après quelques commentaires graveleux de la part des clients masculins, Artémis démarre une bagarre mémorable contre ces misogynes. Solidaire, Wonder Woman la rejoint et s'en donne à cœur joie. Une fois le strip club nettoyé, Diana éprouve un sentiment de culpabilité à l'égard de ces hommes, mais Artémis la coupe avec cette phrase : « C'est ce que j'aime chez toi Diana, tu t'étonnes encore que les êtres du monde patriarcal puissent tomber aussi bas. »

Les engagements du personnage sont d'une manière générale profondément humanistes. Diana est dévouée à ses causes, brandit des bannières lors de manifestations, règle leurs comptes aux politiciens véreux.

ARTÉMIS, UNE WONDER WOMAN ENCORE PLUS CORIACE

Artémis fait sa première apparition dans *Wonder Woman*[60] en 1994, créée par William Messner-Loebs et Mike Deodato, c'est une Amazone d'une tribu dissidente exilée de Themyscira et placée sous la direction d'Antiope, la sœur d'Hippolyte. Installées en Égypte à Bana-Mighdall, elles ont renoncé aux dieux de l'Olympe pour plaider allégeance aux dieux égyptiens dont Isis et Ishtar. Si elles n'ont pas d'îles comme les Amazones de Themyscira, une tempête de sable géante protège l'accès à leur cité. Leurs valeurs sont radicalement opposées à celles de leurs consœurs grecques car elles embrassent le commerce d'armes et le trafic d'esclaves hommes pour assurer leur pérennité. C'est une sorte de cousine de Wonder Woman, mais un événement douloureux sépare les deux Amazones. Le dieu Hermès[61], en voulant protéger Diana en visite à Bana-Mighdall qui, à cause d'un malentendu, se retrouve à combattre les Amazones locales, détruit leur ville. Ce qui ne fera qu'engendrer une haine viscérale vouée à Wonder Woman, que l'on tient responsable de cette destruction, cette humiliation. Les Amazones de Bana-Mighdall défaites ont rejoint les rangs de Circé,

60. *Wonder Woman* (vol. 2) #90, septembre 1994.
61. *Wonder Woman* (vol. 2) #35.

la némésis de Wonder Woman, qui utilisera son nouveau bataillon pour attaquer Themyscira. Après avoir été trahies par Circé, les Bana-amazones et notamment Artémis comprennent les véritables intentions de Wonder Woman. Après avoir démarré sur un pied chaotique, les deux Amazones vont unir leurs forces pour dégommer les forces maléfiques. Artémis prendra un temps la place de Wonder Woman, après avoir gagné un nouveau tournoi qui remettait le titre de Diana en jeu.

Les différences qui parfois opposent les deux Amazones se trouvent directement liées à leurs enfances. L'une grandit dans un royaume prospère, biberonnée aux valeurs de l'amour, de la tolérance et du pardon. Tandis que l'autre évolue dans une ville où tout n'est que rudesse.

Elles m'évoquent les familles recomposées, notamment celle dans laquelle j'ai grandi. Des frères et sœurs éloignées pour qui on représente une injustice, un affront, celui d'avoir eu une enfance normale et saine. Ces traumatismes laissent des marques et gouvernent les relations d'une fratrie. Sans doute la meilleure façon d'outrepasser la rancœur est-elle de communiquer et d'unir nos forces pour mieux se préparer aux épreuves à venir.

DIANA
EST PRAGMATIQUE

« ONCE THE SHELLING HAS STOPPED, THE CONFLICT WILL END AS ALL CONFLICTS DO - WITH A CONVERSATION[62]. »

62. « Après les bombardements, le conflit se terminera comme tous les autres... par une conversation », David Yardin, *Injustice: Gods Among Us* (vol. 1) #3, 2013.

Après un long voyage depuis l'île de Themyscira avec Steve Trevor à ses côtés, à peine son pied foule-t-il le sol londonien que tous les regards sont braqués sur Diana. La princesse amazone toute d'armure vêtue, épée et bouclier aux mains, détonne dans la capitale anglaise.

Afin de ne pas éveiller trop de soupçons et de mieux se fondre dans la masse terne et monochrome, Diana est emmenée dans un de ces drôles de lieux pompeusement dénommés « temple de la mode », ou plus justement « temple du capitalisme », c'est selon. Dans cet endroit où se mêlent textiles raffinés, couvre-chefs conceptuels et outils de torture féminins, Diana est perdue. Le regard attiré par un corset, elle s'étonne de l'allure des « armures de ce pays » qui servent avant tout à dissimuler les formes plutôt qu'à protéger. Patiente mais résignée, Diana joue le jeu et enfile différentes tenues. Étant davantage habituée à manier l'épée dans une totale liberté de mouvement, elle exprime l'inconfort de ces fanfreluches qui encombrent, ces cols ras qui étouffent, et ces jupes crayons qui restreignent. « Mais comment une femme peut-elle combattre engoncée dans une telle tenue ? » s'indigne-t-elle. Diana finit par trouver un tailleur sobre, élégant mais qui ne le sait pas vraiment, qu'elle accessoirise avec son épée et son bouclier. Elle affirme son sens improbable du style et, encore une fois, ne laisse personne l'influencer dans ses choix, même les plus futiles.

Face à ces problématiques de chiffons, elle choisit le pratique, l'efficace, sans pour autant accepter de rogner sur sa personnalité. Ces moments pénibles imposés par le quotidien comme on en connaît tous selon notre seuil de tolérance, Diana choisit de les appréhender avec pragmatisme, au sens de l'étymologie grecque, c'est-à-dire au sens de l'action. Pour elle, n'est vrai que ce qui est fonctionnel. On peut voir en son rejet des bagatelles vestimentaires une volonté plus générale d'écarter ce qui n'est pas nécessaire, ce qui entrave. Qu'elle soit d'une atterrante futilité ou d'une vraie nécessité, chaque épreuve du quotidien peut être surmontée, évitée, gérée avec une bonne dose de réalisme.

DIANA
FERAIT TOUT POUR SA MÈRE

« APHRODITE'S WAY IS ONE OF COMPASSION AND ETERNAL HOPE! WITHOUT THOSE, WE ARE NOTHING[63]. »

63. « La voie d'Aphrodite est celle de la compassion et de l'espérance éternelle ! Sans cela, nous ne sommes rien », Kurt Busiek, *Wonder Woman* (vol. 1) #318 (*Paradise Burning*), 1984.

Ce n'est pas parce qu'on est une super-héroïne qu'on échappe au concept de famille, énième cercle de l'enfer de Dante pour certains ou véritable refuge pour d'autres. Diana, qui se situe indéniablement dans la deuxième catégorie, reproduit fièrement ces schémas familiaux et, à la différence de nombre d'entre nous, n'éprouve aucun besoin de les disséquer allongée sur un canapé, la veinarde. Si l'on vient tous de quelque part, Wonder Woman ne fait pas exception. Sa destinée de déesse pourfendeuse de la guerre et de l'injustice démarre avec sa mère Hippolyte. Diana entretient une relation très fusionnelle avec sa mère qui l'a créée de ses mains dans l'argile fraîche. Sa mère, à la tête d'une société matriarcale, lui transmet les valeurs de courage, d'honneur et de justice.

Cette transmission va forger Diana et lui permettre d'affronter les épreuves que la vie et, plus tard, le monde des hommes lui réserve. Malgré l'amour inconditionnel que Diana porte à sa mère, un besoin d'émancipation se fait sentir, qui conduira l'héroïne à quitter le nid. Cette séparation, qui se révèle nécessaire pour chacun de nous, renforce les liens entre la mère et la fille qui, dans la version initiale communiquent par le biais d'un appareil télépathique. Diana est prête à tout pour sauver sa mère et bondit dans son jet invisible quand celle-ci est en danger. Les deux guerrières combattent le même ennemi avec agilité et détermination. Les moments de paix, suffisamment rares pour être soulignés, laissent place à la tendresse complice mais pudique. Hippolyte est un symbole assez fort de maternité universelle, qui s'inquiète, qui protège, qui défend, qui s'immisce, qui retient ou du moins qui essaie, mais qui, à la fin, ne perd jamais de vue ce qui est bon pour son enfant.

Chacun peut s'identifier à leur relation tantôt sereine, tantôt conflictuelle où finalement, chacun aime l'autre pour ce qu'il est, d'un amour inconditionnel, mais peine à l'exprimer, à le montrer. Pourtant, ces gestes, ces mots, vous veulent du bien. Les relations avec la famille, que cette dernière soit imposée ou choisie, constituent une véritable force qu'il vous faut cultiver. Ces compagnons de vie rythment notre existence et nous offrent une présence rassurante, bienveillante, dans les bons moments comme dans les mauvais. Même si ce n'est pas toujours évident de les entretenir, pour différentes raisons, ces liens nous apparaissent comme de véritables bouées de sauvetage qui nous évitent un naufrage certain. Le soutien de votre entourage participe à la construction de votre meilleure armure. Cette dernière, à l'image de vos relations, nécessite de l'entretien, du soin quotidien et non pas un simple coup de polish de temps à autre. Peu importe la nature de votre lien, qu'il soit familial, amical ou professionnel, cet investissement en vaut la chandelle. Épauler, se faire épauler est sans aucun doute le propre d'un vrai héros.

DIANA
AIME !

« BONDS OF LOVE NEVER MAKE THE WEARER WEAKER – THEY GIVE HIM GREATER STRENGTH[64]! »

64. « Les liens d'amour n'affaiblissent jamais celui qui les porte… Ils lui donnent davantage de force », Robert Kanigher, *Wonder Woman* (vol. 1) #35 (*Nine Lives Club*), 1949.

Diana le revendique, l'incarne, le crie sur tous les toits : c'est l'amour qui sauvera le monde !

La vie bien remplie de notre héroïne semble ne laisser que peu de place à sa vie amoureuse, suggérée souvent en filigrane et parfois de manière plus frontale. Étant déjà un modèle à bien des niveaux, Diana semble gérer sa vie amoureuse de manière totalement épanouie. En effet, on lui prête plusieurs aventures avec le mièvre Steve Trevor, le suffisant Superman, le taciturne Batman, l'élégant Trevor Barnes ainsi que de nombreuses conquêtes féminines sur l'île de Themyscira. Ce qui nous renvoie une image plutôt épanouie et accomplie de notre héroïne qui papillonne de bras en bras. La maison d'édition DC souligne la liberté qu'elle laisse à ses auteurs dans leur travail créatif, cherchant ainsi à rendre ces figures universelles au lieu de tenter à tout prix de les définir.

Diana aime au-delà du genre, des orientations sexuelles, des codes. Elle aborde ces rencontres avec une certaine légèreté, sans trop en attendre. George Pérez, en reprenant la série, lui donne un tour beaucoup plus féministe, notamment en déconstruisant les idées reçues sur les relations amoureuses de l'héroïne, dont celle avec Superman. Après quelques essais, quelques rapprochements, les deux protagonistes se retrouvent pour un *date* et, alors que Superman la surprend en l'embrassant, ils sont interrompus par Darkseid sur le point d'envahir l'Olympe[65]. Après le succès de la mission, malgré l'affection qu'ils se portent, les deux comprennent qu'ils ne sont pas faits

65. George Pérez, John Byrne, *Action Comics* #600, mai 1988.

pour être ensemble, que garder une relation platonique est aussi bien et que c'est loin d'être un drame. Diana est parfaitement consciente de cette zone grise entre l'amour et l'amitié qu'il est nécessaire de mettre au clair pour déterminer la direction de la relation. Les deux personnages prennent la décision d'un commun accord et font preuve de maturité. S'il n'empêche qu'une ambiguïté demeure, ils peuvent compter sur leur complicité pour œuvrer contre le mal ensemble et aller de l'avant. Mais quand Diana aime, c'est éperdument ! Cet amour, par exemple pour Steve Trevor, sert véritablement de moteur à l'héroïne dans le film de Patty Jenkins. À bout de forces, d'espoir, c'est la douleur passionnelle de l'amour perdu mais éternel qui la pousse à poursuivre le combat contre Arès et lui porter le coup fatal. Diana envisage sa vie amoureuse et ses relations en général avec beaucoup de légèreté, de sérénité. Elle vit les rencontres, les émois, les déceptions comme un ensemble joyeux que forme toute relation et puise sa force dans le sentiment amoureux, qui selon elle, est plus fort que tout. C'est à la fois beau et courageux d'aimer comme elle le fait à la fois de manière libre et passionnelle.

Quels enseignements pouvons-nous tirer de la vie sentimentale de Diana ? Elle nous montre que prendre une relation pour acquise n'est jamais une bonne idée, et au contraire, nous invite à revoir nos modes d'interaction avec l'être aimé. Elle conscientise le fait que chaque relation nécessite son lot de travail, d'investissement, de compromis pour en assurer l'équilibre. Son amour ne connait aucune frontière et dépasse le charnel, le romantique, bref c'est un amour absolu dont nous pouvons nous inspirer. Lâcher du lest à votre/vos partenaire.s ! Profitez de l'euphorie amoureuse sans trop vous soucier de l'avenir. Délestez-vous de toute pression et réprimez votre envie d'en infliger. N'ayez pas peur des cahots, des creux, des désaccords qui peuvent se résoudre par une bonne conversation. Restez à l'écoute, à l'affut des envies et des besoins de l'autre tout en respectant le consentement. Alors, aimez, papillonnez, chérissez, mais faites-le à la manière de Diana ! Qu'est-ce que vous faites encore là ?

DIANA
PHILOSOPHE

« PEACE IS A VIRTUE. A STATE OF MIND, A DISPOSITION FOR BENEVOLENCE, CONFIDENCE, AND JUSTICE. IT IS NOT SIMPLY THE ABSENCE OF WAR[66]. »

66.« La paix est une vertu. Un état d'esprit, une disposition à la bienveillance, à la confiance et à la justice. Ce n'est pas simplement l'absence de guerre », Greg Rucka, *Wonder Woman* (vol. 2) #199, (*Down to Earth: Part Four*), 2004.

L'Amazone cite Baruch Spinoza, le philosophe du rationalisme et de l'eudémonisme, ou est-ce le contraire ? Difficile de départager deux disciples d'Aristote...

Sur l'île de Themyscira, Diana acquiert une culture philosophique classique et se prêtera à de nombreuses reprises à la contemplation que réclame la discipline. On retrouve dans la série tout un tas de questionnements philosophiques que l'on peut ramener à l'héroïne. Diana s'interroge régulièrement sur le concept d'éthique, fondamental dans la discipline, une réflexion qui vise à définir ce qui doit être, qui questionne les valeurs qui orientent et déterminent nos actions, le bien agir. Contrairement à la morale, qui serait immuable et absolue, l'éthique, elle, fonctionne dans un contexte propre à chacun. Diana, en utilisant ses pouvoirs, sa force, son intelligence pour combattre des personnages malintentionnés, choisit d'agir pour le bien des êtres humains, même si cela implique d'y parvenir par le biais d'un acte contraire à la morale.

Évidemment, notre héroïne n'invoque pas les esprits de la philosophie pour les consulter avant chaque décision, mais elle mesure toujours les conséquences de ses choix avec un recul philosophique. Diana accorde son aide à une jeune fille ayant imploré l'*Hiketeia*, autrement dit, un pacte de protection éternel entre l'implorant et l'implorée. Soucieuse d'aider son prochain, Diana respecte le silence de la jeune fille qui ne lui avouera que plus tard son histoire. Mais Batman est d'un autre avis. L'homme chauve-souris, allié relatif de Diana, veut condamner sa protégée pour les crimes qu'elle a commis. Ses actions sont donc régies par la morale. Sans aucun jugement concernant la vengeance de cette jeune fille envers les hommes ayant tué sa sœur, Diana décide d'agir selon son éthique, c'est-à-dire protéger une personne dans le besoin seulement car c'est la bonne chose à faire, même si cela veut dire aller à l'encontre de la morale.

Il est à notre portée d'analyser nos actions, nos comportements par le prisme de la philosophie. Cela permet de s'adonner à une véritable réflexion personnelle que l'on peut ancrer dans notre quotidien. Diana tient à conscientiser ses choix et actions afin de questionner leur finalité. Si la philosophie vous évoque une science obscure et poussiéreuse, je vous conseille la notion conceptualisée par Gilles Deleuze, la pop philosophie, qui met en avant les liens avec la discipline mère et la pop culture.

DIANA
EST DROITE DANS SES BOTTES

« A DEAL IS A PROMISE AND A PROMISE IS UNBREAKABLE[67]. »

67. « Un accord est une promesse et une promesse ne peut être rompue », *Wonder Woman*, film de 2017.

La loyauté, l'art de rester fidèle à ses engagements en toutes circonstances, est une valeur clé pour Diana. Si ce comportement fait parfois défaut dans notre société, l'héroïne ne semble jamais s'en éloigner et l'applique à chacun de ses champs d'action.

De par son histoire personnelle et l'exil qu'elle choisit, Diana reste absolument fidèle aux convictions qui lui ont été transmises sur l'île de Themyscira. Sans jamais renier ses origines, bien au contraire, elle s'en sert pour alimenter ses forces au quotidien, garder et entretenir le lien familial, aussi ténu soit-il. Elle représente les Amazones dans le monde des hommes et se doit donc d'en incarner les moindres valeurs. La loyauté de Diana vaut aussi dans sa vie amoureuse et se manifeste de plusieurs façons. La notion de fidélité est au cœur de nombreuses relations amoureuses et si pour certains elle est l'objet de questionnements, de définitions, pour Diana elle représente une évidence. Si l'héroïne se plaît au gré de ses aventures à séduire hommes et femmes qu'elle croise sur sa route, elle nous prouve que, quand il relève de l'amour avec un grand un A, comme celui qu'elle éprouve pour Steve Trevor, alors la loyauté est une évidence tacite. Dans l'adaptation au cinéma de *Justice League*, Diana laisse entendre que la mort de Steve, pourtant survenue des années auparavant, lui semble sentimentalement parlant insurmontable.

Diana fait preuve d'une loyauté remarquable dans ses relations amicales qu'elle semble vénérer autant que ses déesses grecques. Elle reste dévouée aux liens sacrés de l'amitié, peu importent les évolutions qu'ils subissent, les travers du temps et autres désaccords. Quand ses amies se retournent contre elle et l'abhorrent au point de vouloir l'occire, Diana garde le cap de leurs relations passées, refusant de céder à ce qui lui apparaît comme irrévocable. Diana fait montre d'une assiduité à toute épreuve en amitié, reste à l'affût des besoins de ses amis qui sont parfois ses coéquipiers, même au beau milieu d'un champ de bataille. Elle redouble d'attention quand ces derniers sont menacés et s'inquiète de ne pas pouvoir toujours les protéger. Ici encore, Diana nous prouve son humanité, ses craintes sont les nôtres, son sens immuable de la loyauté un exemple à suivre.

Rester fidèle à soi-même, cette idée peut vous sembler vaste, floue. Diana, fidèle disciple de Socrate, semble être adepte du « connais-toi toi-même ». Comment faire ? Mais par le maniement de la maïeutique bien sûr, un dialogue de l'âme, un art de se poser les bonnes questions. Diana peut se substituer à Socrate, car comme lui, elle nous aide à questionner, à découvrir nos vérités. Connaître ses origines, ses limites, ses envies, ses besoins, ses opinions, nous permet d'intégrer ce à quoi nous devons rester fidèles au quotidien. Rien n'est figé dans le marbre car cette connaissance de soi évolue au gré de notre progression, de nos découvertes et nous rapproche de ceux qui partagent la même quête. À vos bottes !

DIANA
EST GÉNÉREUSE

« BECAUSE NO MATTER HOW SMALL AN ACT OF KINDNESS OR GENEROSITY OR SIMPLE POSITIVITY YOU PUT OUT INTO THE WORLD, IT WILL MAKE A DIFFERENCE[68]. »

---

68. « Peu importe la nature de l'acte de gentillesse, de générosité ou de positivité que vous offrez au monde, cela fera la différence », *Wonder Woman Comics*, citation inspirée d'Ésope .

La générosité est une des valeurs clés de Diana et détermine nombre de ses actes. Diana est persuadée que nous avons tous un impact sur la vie des autres, bon au mauvais. Contrairement au pouvoir de voler, de soutirer n'importe quelle vérité avec un lasso ou de détourner les balles avec ses bracelets, la générosité est un pouvoir à la portée de toutes et tous.

« Anyone can be a hero by offering four simple words: how can I help[69]? »

Diana prospère dans la générosité et la gentillesse pour la simple et bonne raison que c'est ce qu'il y a de mieux à faire. Malgré ses interventions dans différents conflits mondiaux, elle demeure au service des plus vulnérables et encourage ses concitoyens et concitoyennes à en faire autant afin de les persuader qu'un geste généreux, aussi simple qu'une main tendue, peut faire la différence dans ce monde de brutes.

Ces petits gestes entraînent une vague de bien-être, qui se révèle tout à fait contagieuse, et agissent comme un catalyseur d'énergie positive. Diana donne de son temps, se dévoue, communique, sensibilise et ancre son empreinte positive dans le quotidien. En ces temps glauques et délétères, l'entraide, la générosité, le soutien sont des valeurs piliers qui, je l'espère, nous permettront de traverser ces crises. Comme Diana, face à des entités de pouvoir absurdes et inhumaines, mieux vaut compter sur

---

69. « Tout le monde peut être un héros en disant ces mots simples : comment puis-je vous aider ? » Jason Badower, *Sensation Comics featuring Wonder Woman* (vol. 1) #16 (*A Day in Our Lives*), 2015.

l'unité et la solidarité émanant du peuple, en y contribuant, en s'y rattachant désespérément. Aidez, donnez, soutenez, encouragez, et tant que vous y êtes, attribuez-vous le titre sans aucun doute mérité de superhéros et superhéroïnes !

DIANA
EST PÉDAGOGUE

« THE FOUNDATION'S MISSION STATEMENT PROMOTES THE LIBERATION OF MEN, WOMEN AND CHILDREN FROM THE TERRIBLE PROBLEMS THAT STEM FROM ANTIQUATED RELIGIOUS PHILOSOPHIES AND PATRIARCHAL FEAR BY EDUCATING THEM ABOUT ALTERNATIVES[70]. »

« THE FIRST PROBLEM FOR ALL OF US, MEN AND WOMEN, IS NOT TO LEARN, BUT TO UNLEARN[71]. »

---

70. « La Fondation promeut la libération des hommes, des femmes et des enfants des terribles problèmes qui découlent des philosophies religieuses archaïques et de la peur patriarcale en leur montrant des alternatives », Phil Jimenez and Joe Kelly, *Wonder Woman* (vol. 2) #170, (*She's a Wonder!*), 2001.

71. « Le premier problème pour nous tout.e.s, hommes et femmes, n'est pas d'apprendre, mais de désapprendre », Gloria Steinem, The New York Times, 26 août 1971, page 37.

Diana croit dur comme fer en la pédagogie, la science de l'éducation est pour elle une arme fondamentale. Son créateur, William Moulton Marston, en était tout à fait conscient : psychologue de renom, il voyait en son comics la possibilité d'une propagande bienfaisante, destinée autant aux femmes qu'aux hommes. En représentant une femme forte, indépendante, brillante, engagée, il encourage les femmes à s'y identifier et les hommes à comprendre que l'existence des femmes ne peut se réduire à une injonction à la procréation et aux fourneaux et que les femmes peuvent prendre leur vie en main et faire leurs propres choix. Entourée de femmes brillantes, notamment de sa femme Elisabeth Holloway qui est titulaire de non pas un mais deux doctorats et qui se voit refuser l'accès à Harvard parce qu'elle est une femme, Marston se rend compte à quel point la société empêche les femmes de s'émanciper et les contraint à redoubler de forces pour sortir de la sphère privée et se frayer une place dans le monde professionnel. Dans les comics, Diana est souvent représentée en porte-parole d'une cause importante qu'elle défend sur le terrain. Membre de plusieurs associations et fondations, elle tente, par la prise de parole publique, de réveiller les consciences sans craindre d'utiliser des mots considérés comme tabous. Elle brandit l'éducation comme ultime moyen pour sensibiliser les citoyens concernant les différentes formes d'oppressions physiques et morales qu'une personne peut subir à cause de son genre, son orientation sexuelle ou son origine. Le dialogue constitue la méthode calme et raisonnable de l'héroïne. Cependant, il n'est pas rare de voir cette dernière sortir de ses gonds face à des tyrans bornés qui refusent d'intégrer ses leçons humanistes. Dans un épisode de la *Justice League*[72], un dictateur despotique menace de bombarder les États-Unis. Quand elle lui met la main dessus, Diana en profite pour lui inculquer sa propre propagande. Sur un tableau elle inscrit la marche à suivre et la lui fait lire en le tenant fermement par le col : traite ton voisin comme toi-même, du travail pour tout le monde, pas de lois qui n'aident que les riches. La patience de Diana est légendaire, sauf avec les élèves récalcitrants et tyranniques face auxquels elle s'adonne à une pédagogie plus… musclée, simplement pour s'assurer que le message est bien passé. Les enseignements de Diana, pétris de bienveillance, nous encouragent à nous défaire de nos vieux démons pour apprendre et transmettre à notre tour des valeurs positives engagées. Diana croit en ses élèves, aussi tyranniques soient-ils et cette confiance peut les hisser vers les sommets de la bonté. La transmission, l'apprentissage et même le désapprentissage, l'échange, sont des valeurs chères à Diana qui prend sa mission très à cœur, même un peu trop parfois. Mais l'abnégation, l'entêtement, le courage ne sont-elles pas des valeurs fondamentales en pédagogie ?

---

72 *Justice League of America #40 (Indestructible Creatures of Nightmare Island!)*, Gardner Fox et Mike Sekowsky, novembre 1965.

LA JOURNÉE DE WONDER WOMAN #3

19 h 00-21 h 00. Le repos de la guerrière autour d'un (ou 4) bon verre et de quelques amis dont Etta Candy et Steve pour noyer le stress et les frustrations de la journée. Les voir, les entendre me donne envie de croire que tout n'est pas perdu !

21 h 45. Les bonnes choses aidant, je deviens plus indulgente du pouce et fais défiler tout un tas de profils.

22 h 12. Mouais, finalement ce ne sera pas pour ce soir. La solitude c'est très bien aussi, surtout avec un bon livre entre les mains et de la musique en fond.

2 h 26. Ouh là là, je n'ai pas vu le temps passer. Mais comment je vais faire pour mon *beauty sleep* ? Nan je plaisante, ça me passe au-dessus de la tiare ces bêtises.

DIANA
CASSE LES INJONCTIONS

« IF I MARRIED YOU, STEVE, I'D HAVE TO PRETEND I'M WEAKER THAN YOU ARE TO MAKE YOU HAPPY - AND THAT, NO WOMAN SHOULD DO[73]! »

73. « Si je t'épousais, Steve, il me faudrait prétendre que je suis plus faible que toi pour te rendre heureux… et ça, aucune femme ne devrait le faire », Joye Murchinson, *Wonder Woman* (vol. 1) #13 (*The Icebound Maidens*), 1945.

Diana ne semble jamais faire les choses comme les autres. En ce sens, elle permet de mettre d'autres choix de vie en évidence, et bien qu'ils nous paraissent évidents aujourd'hui, ils ne l'étaient pas dans la seconde moitié du XXe siècle. À plusieurs reprises, presque à la manière d'un *running gag*, Steve demande la main de Diana. Ses méthodes m'apparaissent régulièrement comme douteuses et très proches du harcèlement. Mais, Diana, franche du collier, ne perd jamais une occasion d'expliquer à Steve pourquoi elle ne peut pas l'épouser. À travers les raisons de l'héroïne transparaissent sa dévotion complète à ses missions, son côté carriériste en somme. Mais également l'idée d'un timing qui n'est pas le bon selon elle. Diana est mariée à son travail, aux causes qu'elle défend et le revendique. Pour elle, il est impensable d'envisager de se marier tant que l'humanité est menacée et qu'elle peut lui venir en aide. Son éducation au sein d'une société matriarcale n'y est pas pour rien : pour Diana, le mariage est une forme d'asservissement qui vient entraver l'indépendance des femmes. Même si certains de ses auteurs parviendront à lui mettre la bague au doigt, Diana reste une figure d'émancipation personnelle et professionnelle. Il en va de même sur la question de la maternité qui suscite assez peu d'intérêt chez l'héroïne. Diana vient rompre avec l'ordre établi et permet de visibiliser les choix dont toutes les femmes devraient disposer.

Là encore, Diana sert d'exemple, elle insuffle un nouvel élan en nous invitant à revendiquer nos droits, nos désirs, nos besoins. Là encore elle illustre à quel point parler à la première personne du singulier pour une femme est un geste politique. Née à une époque où chaque choix, chaque indignation, chaque revendication vous place dans la case alors péjorative de la marginalité, elle redouble de force pour rester fidèle à ses idéaux. Nous sommes aujourd'hui plus que jamais les héritières de ces combats menées par tant de femmes avant nous. Loin de moi l'idée de m'en prendre aux institutions qui tapissent notre société, comme le mariage, la parentalité et ses heureuses mais lentes évolutions. Au contraire, puisque nous avons le luxe d'avoir le choix, choisissons de choisir ou de ne pas choisir. Ignorez ces personnes qui portent des jugements sans même s'en rendre compte, qui feignent de ne pas comprendre vos choix ou qui veulent vous persuader de faire autrement. Soyez indulgents, peut-être qu'elles n'ont pas eu la chance de décider de leur vie. Avancez et menez vos batailles la tête haute.

POUR LE MEILLEUR ET POUR LE PIRE

En 1942, dans l'épisode #127 de la série reprise par Robert Kanigher, sans doute celui qui m'a valu le plus de *face-palms*, Steve épouse Diana. Elle lui dit enfin oui, ils se rendent en lune de miel, au cours de laquelle Wonder Woman est accaparée par ses fans qui lui réclament des autographes, ce qui a le don d'énerver Steve, notamment parce qu'ils ne l'appellent pas Mrs Steve Trevor, à part cela, tout va bien dans le meilleur des mondes jusqu'au moment du petit-déjeuner. On retrouve Wonder Woman derrière les fourneaux, un tablier autour de la taille et sa tiare vissée sur la tête, attelée à un de ses « *wifely duty* » : cuisiner pour son mari. Mais au moment de la dégustation, Steve est loin de l'image du mari comblé. Il s'indigne : « Ce toast est carbonisé ! La viande est crue ! La gelée est brûlante ! Le café est froid ! » Désespérée Diana craque, à peine consolée par Steve qui assure reprendre le flambeau culinaire sous peine de les voir mourir de faim. Heureusement pour eux, ce mariage anxiogène n'était qu'un cauchemar qui calmera les ardeurs de Steve pour un moment.

DIANA
EST BADASS

« YOU ARE STRONGER THAN YOU BELIEVE. YOU HAVE GREATER POWERS THAN YOU KNOW[74]. »

74. « Tu es plus forte que tu ne le penses. Tu as plus de puissance que tu ne le crois », Antiope, *Wonder Woman*, film de 2017.

Coriace, dure à cuire, increvable, opiniâtre, tenace, ces quelques adjectifs définissent Diana à la perfection. S'il est aussi important d'évoquer toutes ses autres qualités comme la gentillesse, la compassion, il est impossible de rogner sur les autres qui sont la force, la détermination, la témérité. Diana est capable de délicatesse comme de brutalité. Ne vous laissez pas berner par son sourire empathique et sa main tendue qui, pour certains de ses détracteurs, sont signes de sa faiblesse, car si vous lui cherchez des noises, elle vous renvoie tout droit à la maison mère, au terminus des prétentieux comme diraient les Tontons. Bien qu'elle n'affectionne pas la violence, si ses tentatives de raisonnement ne prennent pas, elle n'aura aucun mal à y céder, sa condition de guerrière amazone n'étant jamais bien loin. Mais évidemment, la badassitude de Diana ne se manifeste pas uniquement par la violence, bien au contraire. Peu importent les circonstances, l'héroïne reste fidèle à ses convictions et à ses engagements. On a pu le voir dans l'épisode signé Greg Rucka, « Hiketeia », dont la couverture annonce la couleur : la botte de Diana écrasant la figure masquée de Batman. Elle refuse de céder sa protégée à l'homme chauve-souris et la défend à coups de prises musclées jusqu'à ce qu'il renonce. Lors de son adaptation en 1975, c'est Lynda Carter qui est choisie pour incarner l'Amazone sur le petit écran. Là encore, ne vous laissez pas tromper par sa plastique parfaite, son sourire Colgate et sa chevelure brushinguée... En effet, si la désuétude de certaines cascades vous touche, notamment celles réalisées avec un trampoline qui sont du plus bel effet, n'oubliez pas que Lynda Carter tenait à réaliser la plupart de ses cascades elle-même pour mieux apprendre de sa doublure, la géniale et tout aussi badass, Jeannie Epper.

Dans l'épisode « Anschluss 77 », notre héroïne doit empêcher un criminel de guerre nazi (encore eux !) d'établir le Quatrième Reich, rien que ça. Alors que ces derniers tentent de l'occire à la dynamite, elle parvient à revêtir son costume en tournoyant sur elle-même et à balancer le bâton de dynamite le plus loin possible. Une fois le souffle passé, elle se précipite sur l'hélicoptère en plein décollage dans lequel ses bourreaux sont tranquillement installés. Et là, on ne parle pas d'une petite pirouette ni d'un roulé-boulé, mais d'un saut qui lui permet de se cramponner à mains nues, sans aucune aide, sur une barre au milieu de l'engin. Alors qu'il prend de la hauteur et se met à avancer, Lynda Carter reste suspendue à la force de ses bras, et brave le danger qui s'étend sous ses pieds dépourvus de filets de sécurité. Et tout cela juste pour l'amour d'un plan bien fait... Dans le même esprit, l'actrice Gal Gadot a elle aussi tenu à réaliser la plupart de ses cascades, notamment dans *Wonder Woman 1984*, dont la sortie est imminente, car elle était enceinte de cinq mois pendant une partie du tournage du premier opus.

La coriacité du personnage transcende ses incarnations qui, chacune à leur manière, ont su mettre en avant l'un des traits de caractère phare du personnage d'origine. Comme Diana, il nous faut prendre conscience de notre force. Pour la découvrir, je vous rassure, nul besoin de se suspendre à un engin en plein vol. Il suffit simplement de comprendre que, parfois, nous sommes notre propre obstacle qu'un petit coup de trampoline saurait régler. À vous de révéler votre badassitude en rencontrant la personne que vous souhaitez être. S'accepter, s'aimer, se faire confiance, se soucier du bien-être des autres... J'ai pas plus badass.

TEST :

QUELLE WONDER WOMAN ÊTES-VOUS ?

Pour vous, quitter le cocon familial c'est :

- Un soulagement
- Une angoisse
- Une obligation
- Un sacrifice

Pour vous, le travail c'est :

- Le quoi ?
- La santé
- Un gagne-pain parce que...
- Une passion (fayot.e.s)

Les situations problématiques, vous les prenez :

- À la légère
- On verra demain...
- Une par une
- Je fonce dans le tas

Devant votre penderie le matin, vous optez pour :

- T'en as d'autres des questions pourries ?
- Un costume cravate (promis, je ne juge qu'un peu)
- Jean et t-shirt
- Armure, parce qu'on ne sait jamais

Vous avez votre ennemi.e juré.e en face vous, vous lui dites :

- Marche à l'ombre
- Rien, je trouverai la bonne punchline deux semaines plus tard
- Je change de trottoir
- Vous taillez le bout de gras comme si de rien n'était, sur un malentendu...

Votre plus grand défaut :

- Je n'en ai pas
- J'en ai trop
- La procrastination
- La susceptibilité

Votre week-end idéal :

- Week-end ? Connais pas
- Netflix and chill
- Loin de mes responsabilités
- La lutte continue

Votre devise :

- À chaque jour suffit sa peine
- Œil pour œil, dent pour dent
- Ni dieu ni maître
- Seul l'amour peut sauver le monde

Votre side-kick idéal :

- Je suis plutôt solitaire
- Mon animal totem
- Une personne aussi dingue que moi
- Mon/ma/mes partenaire.s

Un boss final à combattre :

- Le patriarcat
- Le capitalisme
- Le racisme et l'antisémitisme
- Tout cela à la fois

RÉSULTATS

Vous voulez une bonne nouvelle ? Pas besoin de compter les points car vous êtes tou.te.s des Wonder Woman ! Vous vous sentez berné.e.s, heurté.e.s, trahi.e.s dans votre chair ? Je vous explique.

En fréquentant pendant quelques mois le personnage de Wonder Woman, j'ai compris que ce nom transcende l'héroïne toute de rouge et bleu vêtue et reflète davantage un état d'esprit.

Nul besoin d'accessoires, d'une chevelure flottant au vent, d'armure, tout est dans la tête.

Comment allez-vous réagir au quotidien ? Dans les transports en commun, par exemple, vaste temple mouvant du courroux, dans lesquels, plusieurs fois par jour, vous avez le choix d'agir pour le bien. Alors que le train est bondé de gens pressés, stressés, irrités, choisissez de prendre sur vous, de garder votre calme et, quand cela s'impose, de laisser votre place. À quoi bon perdre son énergie dans des situations sur lesquelles on n'a absolument aucune prise ? Autant agir comme notre héroïne et faire preuve d'abnégation pour sauvegarder le peu d'énergie non vampirisée par le quotidien pour la déployer ailleurs. Wonder Woman n'est pas un personnage figé, au contraire, elle sait évoluer, se tromper, se reprendre. Elle se découvre au gré de ses échecs et ses accomplissements. Elle est fière de ses combats et revendique ses erreurs en tant que reflets de son humanité. Reconnaître sa sensibilité est loin d'être une faiblesse et peut au contraire devenir une véritable force pétrie de courage.

La vulnérabilité est notre lot à tous et toutes, et il nous faut l'accepter pour mieux s'en défaire au moment venu. Communiquer, verbaliser, s'indigner permet de sortir de cet état parfois pétrifiant. Ne rejetez pas la possibilité de la colère, car elle peut se révéler salvatrice, malgré ses potentielles conséquences sur vous ou sur celui ou celle qui en fait les frais. N'ayez pas peur de vous entourer, de demander de l'aide, rien de tout cela ne remet en question qui vous êtes, bien au contraire.

Vous croulez sous les injonctions, au quotidien ou d'autant plus pendant cette période de confinement ? On s'étonne que vous ne fassiez pas votre propre pain, que vous ayez du mal à supporter les antéchrists qui vous servent de progéniture, que vous préfériez contempler l'absurdité de l'existence au lieu de la lire chez Proust. Cela peut paraître évident, mais je me permets de le répéter : personne n'a à vous dicter quoi que ce soit en temps normal comme en ces temps délétères. Ces commentaires, faussement bienveillants, sont similaires aux liens qui contraignent notre héroïne lors de ses missions. S'en débarrasser n'est pas une mince affaire mais je suis sûre que vous saurez dépasser cette négativité pour vous recentrer sur ce qui compte réellement.

Wonder Woman est avant tout un personnage qui nous rappelle au quotidien qu'il n'y a pas de petit héroïsme, qu'il commence d'abord par soi avant de s'étendre aux autres. Elle vous invite à considérer votre potentiel héroïque, que vous déployez peut-être inconsciemment dans votre quotidien, pour en tirer une certaine fierté. Il n'y a pas de petites luttes et chaque petite victoire, notamment sur soi, doit être savourée, célébrée.

ÉPILOGUE

« I WOULD SAY THAT EACH OF US HAS ONLY ONE THING TO GAIN FROM THE FEMINIST MOVEMENT: OUR WHOLE HUMANITY. BECAUSE GENDER HAS WRONGLY TOLD US THAT SOME THINGS ARE MASCULINE AND SOME THINGS ARE FEMININE… WHICH IS BULLSHIT[75]. »

---

75. « Je dirais que la seule chose que nous avons tous à gagner du mouvement féministe, c'est toute notre humanité. Parce que le genre nous a enseigné à tort que certaines choses sont masculines et certaines choses féminines… Ce sont des conneries ! » Gloria Steinem, *The Truth Will Set You Free, But First It Will Piss You Off!: Thoughts on Life, Love and Rebellion*, Murdoch Books, 2019.

Avant de vous laisser filer, j'ai quelques mots à vous dire. Vous avez bien compris, j'aime beaucoup le personnage de Wonder Woman pour les raisons qu'il m'a été donné d'exposer dans ce livre. Mais il m'est impossible de ne pas reconnaître qu'elle ne fait pas l'unanimité.

Les premiers comics, tout comme les premières adaptations, manquent cruellement de diversité. Même si les maisons DC Comics et Marvel, pour ne citer qu'elles, font des efforts, l'inclusion des minorités reste encore trop rare.

Évidemment, le corps de Wonder Woman, comme celui des femmes qui l'ont incarnée à l'écran, ne reflète pas nos morphologies, qui peuvent être contrariées par un jugement personnel un peu trop sévère. Je suis de celles qui pense que Diana ne serait pas moins badass avec quelques kilos en plus, de la cellulite et des cheveux gras.

Malgré tous ces *facepalms*, ces frustrations, ces regrets, je trouve toujours ce personnage captivant. Étendard d'un féminisme toujours plus subversif dans les années 1940, elle permet aujourd'hui d'en poursuivre la construction et parfois la déconstruction. Comme Diana me l'a appris, j'évite de céder trop vite au désespoir pour me raccrocher à la microparticule de positivité qui me passe sous la main. Ainsi, il me faut vous dire que la première adaptation sur grand écran de *Wonder Woman*, hautement symbolique, a ouvert la porte aux super-héroïnes comme la géniale Captain Marvel, animée par un désir d'aller toujours plus loin, de se dépasser quand son entourage, principalement masculin, lui assurait qu'elle n'en n'était pas capable. Le spectateur découvre, à mesure que l'amnésie de l'héroïne se dissipe, qu'elle était déjà badass bien avant ses pouvoirs et que son combat sur Terre lui permet de se libérer du carcan patriarcal qui l'oppressait pour découvrir la meilleure version d'elle-même. Classe, non ?

Je m'égare, mais tout cela pour dire que, pour m'y intéresser, pour la comprendre, il m'a fallu dépasser la coquille de perfection stéréotypée un peu agaçante afin de découvrir un personnage qui a su faire de la bonté, de la sensibilité, de l'empathie, une force. Elle prend la place qu'elle veut, s'impose dans des champs à l'hégémonie masculine, elle montre l'exemple. Elle est un miroir reflétant le monde et ses contradictions.

REMERCIEMENTS

Un wonder merci à Stéphane Chabenat pour sa confiance et à Pauline Labbé pour sa patience et son regard bienveillant, ainsi qu'à toutes les petites mains qui rendent ce livre possible.

Reconnaissance éternelle à mon compagnon, Alexander, dont les solides épaules ont su calmer les (nombreuses) crises d'angoisses, doutes, inquiétudes et autres joies de l'écriture.

Un grand merci à ma famille, qui regorge de femmes dont je m'inspire au quotidien, à commencer par mon arrière-grand-mère, Charlotte, Wonder Woman avant l'heure, ma grand-mère Cécile, ma grand-tante Elisabeth, ma mère Caroline et ma sœur Julie.

Merci à mes ami.e.s, Sophie, Karine, Fanny, Émilie, Alice, Arthur, Julien, Ilya, Quentin L. Quentin P. et tant d'autres, dont la compagnie, souvent alcoolisée, a fait naître quelques réflexions fondamentales à cet ouvrage.

BIBLIOGRAPHIE

Carolyn Cocca, *Superwomen: Gender, Power, and Representation*, Bloomsbury Academic USA, 2016.

Signe Bergstrom, The Wisdom of Wonder Woman, Chronicle Book 2019

William Moulton Marston, *Wonder Woman: The Golden Age, vol. 1*, DC Comics, 2017.

William Moulton Marston, *Wonder Woman: The Golden Age, vol. 2*, DC Comics 2018.

William Moulton Marston,*Wonder Woman: The Golden Age, vol. 3*, DC Comics, 2019.

Greg Rucka, *Wonder Woman, vol. 1*, DC Comics, 2016.

Greg Rucka, *Wonder Woman, vol. 2*, DC Comics, 2017.

Greg Rucka, *Wonder Woman: Year One Deluxe Edition*, DC Comics, 2019.

Shea Fontana, *Wonder Woman: The Rebirth Deluxe Edition, Book Three*, DC Comics, 2019.

Les Daniels, *Wonder Woman: The Complete History*, Chronicle Books, 2004.

Jill Lepore, *The Secret History of Wonder Woman*, Scribe Publications, 2014.

Yann Graf, *Wonder Woman Anthologie*, Urban Comics, DC Anthologie 2016.

Imprimé en France en juin 2021
par l'Imprimerie Maury S.A.S. à Millau (12)

ISBN 978-2-38015-012-4
Dépôt légal : septembre 2020
N° d'impression : F21/60927A